# D U

# CONTRACT SOCIAL;

# DU
# CONTRACT SOCIAL;
## OU,
## *PRINCIPES*
## DU
# DROIT POLITIQUE.

Par J. J. ROUSSEAU,
*CITOYEN DE GENEVE.*

*Dicamus leges.* —— *fœderis æquas*
*Æneid.* XI

*A AMSTERDAM,*
Chez MARC MICHEL REY.
MDCCLXII.

# AVERTISSEMENT.

CE PETIT traité eſt extrait d'un ouvrage plus étendu , entrepris autrefois ſans avoir conſulté mes forces, & abandonné depuis long-tems. Des divers morceaux qu'on pouvoit tirer de ce qui étoit fait, celui - ci eſt le plus conſidérable, & m'a paru le moins indigne d'ê-tre offert au public. Le reſte n'eſt déja plus.

*

# TABLE
# DES LIVRES
## ET DES
# CHAPITRES.

## LIVRE I.

*Où l'on recherche comment l'homme passe de l'Etat de nature à l'état civil, & quelles sont les conditions essencielles du pacte.*

## CHAPITRE V.

## CHAPITRE VI.

## CHAPITRE VII.

## CHAPITRE VIII.

## CHAPITRE IX.

## LIVRE II.

## CHAPITRE I.

## CHAPITRE II.

## CHAPITRE III.

## CHAPITRE IV.

## CHAPITRE V.

## CHAPITRE VI.

## CHAPITRE VII.

## CHAPITRE VIII.

## CHAPITRE IX.

## CHAPITRE X.

## CHAPITRE XI.

# CHAPITRE XII.

~~~~~~~~~~~~~~~~~~~~~~~~~~~~~~~~~~~~~~~~~

# LIVRE III.

*Où il est traité des loix politiques, c'est-à-dire, de la forme du Gouvernement.*

## CHAPITRE I.

## CHAPITRE II.

## CHAPITRE III.

## CHAPITRE IV.

## CHAPITRE V.

## L I V R E  IV.

Où continuant de traiter des loix politiques on
expoſe les moyens d'affermir la conſtitution de
l'Etat.

## C H A P I T R E  I.

DU

# DU
# CONTRACT SOCIAL;
## OU,
## *PRINCIPES*
## DU
## DROIT POLITIQUE.

JE VEUX chercher ſi dans l'ordre civil il peut y avoir quelque regle d'adminiſtration légitime & ſûre, en prenant les hommes tels qu'ils ſont, & les loix telles qu'elles peuvent être: Je tâcherai d'allier toujours dans cette recherche ce que le droit permet avec ce que l'intérêt preſcrit, afin que la juſtice & l'utilité ne ſe trouvent point diviſées.

J'ENTRE en matiere ſans prouver l'importance de mon ſujet. On me demandera ſi je ſuis prince ou légiſlateur pour écrire ſur la Politique ? Je réponds que non, & que c'eſt pour cela que j'écris ſur la Politique. Si j'étois prince ou légiſlateur, je ne perdrois pas mon tems à dire ce qu'il faut faire ; je le ferois, ou je me tairois.

NÉ CITOYEN d'un Etat libre, & membre du ſouverain, quelque foible influence que puiſſe avoir ma voix dans les affaires publiques, le droit d'y voter ſuffit pour m'impoſer le devoir de m'en inſtruire. Heureux, toutes les fois que je médite ſur les Gouvernemens, de trouver toujours dans mes recherches de nouvelles raiſons d'aimer celui de mon pays !

# CHAPITRE I.

*Sujet de ce premier Livre.*

L'HOMME eſt né libre, & par-tout il eſt dans les fers. Tel ſe croit le maître des autres, qui ne laiſſe pas d'être plus eſclave qu'eux. Comment ce changement s'eſt-il fait? Je l'ignore. Qu'eſt-ce qui peut le rendre légitime? Je crois pouvoir réſoudre cette queſtion.

SI JE ne conſidérois que la force, & l'effet qui en dérive, je dirois; tant qu'un Peuple eſt contraint d'obéïr & qu'il obéït, il fait bien; ſitôt qu'il peut ſecoüer le joug & qu'il le ſecoüe, il fait encore mieux; car, recouvrant ſa liberté par le même droit qui la lui a ravie, ou il eſt fondé à la reprendre, ou l'on ne l'étoit point à la lui ôter. Mais l'ordre focial eft un droit facré, qui fert de bafe à tous les autres. Cependant ce droit ne vient point de la nature; il eft donc fondé fur des conventions. Il s'agit de favoir quelles font ces conventions. Avant d'en venir-là je dois établir ce que je viens d'avancer.

## CHAPITRE II.

### Des premieres Sociétés.

La plus ancienne de toutes les sociétés & la seule naturelle est celle de la famille. Encore les enfans ne restent-ils liés au pere qu'aussi longtems qu'ils ont besoin de lui pour se conserver. Sitôt que ce besoin cesse, le lien naturel se dissout. Les enfans, exempts de l'obéïssance qu'ils devoient au pere, le pere exempt des soins qu'il devoit aux enfans, rentrent tous également dans l'indépendance. S'ils continuent de rester unis ce n'est plus naturellement c'est volontairement, & la famille elle-même ne se maintient que par convention.

Cette liberté commune est une conséquence de la nature de l'homme. Sa premiere loi est

A 3

de veiller à fa propre confervation, fes premiers foins font ceux qu'il fe doit à lui-même, &, fitôt qu'il eft en âge de raifon, lui
feul étant juge des moyens propres à le conferver devient par-là fon propre maitre.

La famille eft donc fi l'on veut le premier modéle des fociétés politiques; le chef
eft l'image du pere, le peuple eft l'image des
enfans, & tous étant nés égaux & libres n'a-
liénent leur liberté que pour leur utilité. Toute la différence eft que dans la famille l'a-
mour du pere pour fes enfans le paye des
foins qu'il leur rend, & que dans l'Etat le
plaifir de commander fupplée à cet amour que
le chef n'a pas pour fes peuples.

Grotius nie que tout pouvoir humain
foit établi en faveur de ceux qui font gouvernés: Il cite l'efclavage en exemple. Sa
plus conftante maniere de raifonner eft d'éta-

blir toujours le droit par le fait *. On pourroit employer une méthode plus conséquente,
mais non pas plus favorable aux Tirans.

IL EST donc douteux, felon Grotius, fi le
genre humain appartient à une centaine d'hommes, ou fi cette centaine d'hommes appartient
au genre humain, & il paroit dans tout fon
livre pancher pour le premier avis: c'eft auffi
le fentiment de Hobbes. Ainfi voilà l'efpece
humaine divifée en troupeaux de bétail, dont
chacun a fon chef, qui le garde pour le dévorer.

COMME un pâtre eft d'une nature fupérieure à celle de fon troupeau, les pafteurs
d'hommes, qui font leurs chefs, font auffi
d'une nature fupérieure à celle de leurs peuples. Ainfi raifonnoit, au raport de Philon,

* „ Les favantes recherches fur le droit public ne
„ font fouvent que l'hiftoire des anciens abus, & on s'eft
„ entêté mal-à-propos quand on s'eft donné la peine de
„ les trop étudier." *Traité manufcrit des intérêts de la
Fr: avec fes voifins; par M. L. M. d'A.* Voilà précifément ce qu'a fait Grotius.

l'Empereur Caligula; concluant affez bien de cette analogie que les rois étoient des Dieux, ou que les peuples étoient des bêtes.

LE RAISONNEMENT de ce Caligula revient à celui d'Hobbes & de Grotius. Ariftote avant eux tous avoit dit auffi que les hommes ne font point naturellement égaux, mais que les uns naiffent pour l'efclavage & les autres pour la domination.

ARISTOTE avoit raifon, mais il prenoit l'effet pour la caufe. Tout homme né dans l'efclavage naît pour l'efclavage, rien n'eft plus certain. Les efclaves perdent tout dans leurs fers, jufqu'au défir d'en fortir: ils aiment leur fervitude comme les compagnons d'Uliffe aimoient leur abrutiffement *. S'il y a donc des efclaves par nature, c'eft parce qu'il y a eu des efclaves contre nature. La force

---

* Voyez un petit traité de Plutarque intitulé: *Que les bêtes ufent de la raifon.*

ฆ fait les premiers efclaves, leur lâcheté les
a perpétués.

JE N'AI rien dit du roi Adam, ni de l'empereur Noé pere de trois grands Monarques
qui fe partagerent l'univers, comme firent les
enfans de Saturne, qu'on a cru reconnoître en
eux. J'efpere qu'on me faura gré de cette
modération ; car, defcendant directement de
l'un de ces Princes, & peut-être de la branche ainée, que fais-je fi par la vérification
des titres je ne me trouverois point le légitime roi du genre humain? Quoi qu'il en
foit, on ne peut difconvenir qu'Adam n'ait
été Souverain du monde comme Robinfon de
fon ifle, tant qu'il en fut le feul habitant;
& ce qu'il y avoit de commode dans cet
empire étoit que le monarque affuré fur fon
trône n'avoit à craindre ni rébellions ni guerres ni confpirateurs.

---

## CHAPITRE III.

### *Du droit du plus fort.*

LE PLUS fort n'eſt jamais aſſez fort pour être toujours le maitre, s'il ne transforme ſa force en droit & l'obéïſſance en devoir. De-là le droit du plus fort; droit pris ironiquement en apparence, & réellement établi en principe : Mais ne nous expliquera-t-on jamais ce mot? La force eſt une puiſſance phiſique; je ne vois point quelle moralité peut réſulter de ſes effets. Céder à la force eſt un acte de néceſſité, non de volonté; c'eſt tout au plus un acte de prudence. En quel ſens pourra-ce être un devoir?

SUPPOSONS un moment ce prétendu droit. Je dis qu'il n'en réſulte qu'un galimathias inexplicable. Car sitôt que c'est la force qui fait le droit, l'effet change avec la cause; toute force qui surmonte la premiere succéde à son droit. Sitôt qu'on peut désobéir impunément on le peut légitimement, & puisque le plus fort a toujours raison, il ne s'agit que de faire en sorte qu'on soit le plus fort. Or qu'est-ce qu'un droit qui périt quand la force cesse? S'il faut obéir par force on n'a pas besoin d'obéir par devoir, & si l'on n'est plus forcé d'obéir on n'y est plus obligé. On voit donc que ce mot de droit n'ajoûte rien à la force; il ne signifie ici rien du tout.

OBEISSEZ aux puissances. Si cela veut dire, cédez à la force, le précepte est bon mais superflu, je réponds qu'il ne sera jamais violé. Toute puissance vient de Dieu, je l'avoüe; mais toute maladie en vient aussi. Est-ce à dire qu'il soit défendu d'appeller le mé-

decin? Qu'un brigand me furprenne au coin
d'un bois : non feulement il faut par force
donner la bourfe, mais quand je pourrois la
fouftraire fuis-je en confcience obligé de la
donner ? car enfin le piftolet qu'il tient eft
auffi une puiffance.

Convenons donc que force ne fait pas
droit, & qu'on n'eft obligé d'obéir qu'aux
puiffances légitimes. Ainfi ma queftion primitive revient toujours.

# CHAPITRE IV.

## De l'efclavage.

Puis qu'aucun homme n'a une autorité naturelle fur fon femblable, & puifque la force ne produit aucun droit, reftent donc les conventions pour bafe de toute autorité légitime parmi les hommes.

Si un particulier, dit Grotius, peut aliéner fa liberté & fe rendre efclave d'un maitre, pourquoi tout un peuple ne pourroit-il par aliéner la fienne & fe rendre fujet d'un roi? Il y a là bien des mots équivoques qui auroient befoin d'explication, mais tenons-nous en à celui d'*aliéner*. Aliéner c'eft donner ou vendre. Or un homme qui fe fait efclave d'un autre ne fe donne pas, il fe vend, tout au moins pour fa fubfiftance: mais un peuple pour quoi fe vend-il? Bien loin qu'un roi fourniffe à fes fujets leur fubfiftance il ne tire la fienne que d'eux, & felon Rabelais un roi ne vit pas de peu. Les fujets donnent donc leur perfonne à condition qu'on prendra auffi leur bien? Je ne vois pas ce qu'il leur refte à conferver.

ON DIRA que le defpote affure à fes fujets la tranquillité civile. Soit; mais qu'y gagnent-ils, fi les guerres que fon ambition leur attire, fi fon infatiable avidité, fi les vexations de fon miniftere les défolent plus que ne feroient leurs diffentions? Qu'y gagnent-ils, fi cette tranquillité-même eft une de leurs miferes? On vit tranquille auffi dans les cachots; en eft-ce affez pour s'y trouver bien? Les Grecs enfermés dans l'antre du Cyclope y vivoient tranquilles, en attendant que leur tour vint d'être dévorés.

DIRE qu'un homme fe donne gratuitement, c'eft dire une chofe abfurde & incon-
cevable; un tel acte eft illégitime & nul, par
cela feul que celui qui le fait n'eft pas dans
fon bon fens. Dire la même chofe de tout
un peuple, c'eft fuppofer un peuple de foux :
la folie ne fait pas droit.

QUAND chacun pourroit s'aliéner lui-même
il ne peut aliéner fes enfans; ils naiffent hommes & libres; leur liberté leur appartient, nul
n'a droit d'en difpofer qu'eux. Avant qu'ils
foient en âge de raifon le pere peut en leur nom
ftipuler des conditions pour leur confervation,
pour leur bien être; mais non les donner irré-
vocablement & fans condition; car un tel don
eft contraire aux fins de la nature & paffe les
droits de la paternité. Il faudroit donc pour
qu'un gouvernement arbitraire fut légitime
qu'à chaque génération le peuple fût le maître

de l'admettre ou de le rejetter : mais alors ce gouvernement ne feroit plus arbitraire.

RENONCER à fa liberté c'eſt renoncer à fa qualité d'homme, aux droits de l'humanité, même à fes devoirs. Il n'y a nul dédomagement poſſible pour quiconque renonce à tout. Une telle renonciation eſt incompatible avec la nature de l'homme, & c'eſt ôter toute moralité à fes actions que d'ôter toute liberté à fa volonté. Enfin c'eſt une convention vaine & contradictoire de ſtipuler d'une part une autorité abſolue & de l'autre une obéiſſance ſans bornes. N'eſt-il pas clair qu'on n'eſt engagé à rien envers celui dont on à droit de tout éxiger, & cette feule condition ſans équivalent ſans échange n'entraîne-t-elle pas la nullité de l'acte? Car quel droit mon eſclave auroit-il contre moi, puiſque tout ce qu'il a m'appartient, & que ſon droit étant le mien,

ce

ce droit de moi contre moi-même eſt un mot qui n'a aucun ſens?

GROTIUS & les autres tirent de la guerre une autre origine du prétendu droit d'eſclavage. Le vainqueur ayant, ſelon eux, le droit de tuer le vaincu, celui-ci peut racheter ſa vie aux dépends de ſa liberté; convention d'autant plus légitime qu'elle tourne au profit de tous deux.

MAIS il eſt clair que ce prétendu droit de tuer les vaincus ne réſulte en aucune maniere de l'état de guerre. Par cela ſeul que les hommes vivant dans leur primitive indépendance n'ont point entre eux de rapport aſſez conſtant pour conſtituer ni l'état de paix ni l'état de guerre, ils ne ſont point naturellement ennemis. C'eſt le rapport des choſes & non des hommes qui conſtitue la guerre, & l'état de guerre ne pouvant naître des

simples rélations perfonnelles, mais feulement
des rélations réelles, la guerre privée ou
d'homme à homme ne peut exifter, ni dans
l'état de nature où il n'y a point de propriété conftante, ni dans l'état focial où tout
eft fous l'autorité des loix.

LES COMBATS particuliers, les duels, les
rencontres font des actes qui ne conftituent
point un état; & à l'égard des guerres privées, autorifées par les établiffemens de Louis
IX roi de France & fufpendues par la paix
de Dieu, ce font des abus du gouvernement
féodal, fyftême abfurde s'il en fut jamais,
contraire aux principes du droit naturel,
& à toute bonne politie.

LA GUERRE n'eft donc point une rélation d'homme à homme, mais une rélation d'Etat à Etat, dans laquelle les particuliers ne font ennemis qu'accidentellement,

non point comme hommes ni même comme citoyens, mais comme foldats; non point comme membres de la patrie, mais comme fes défenfeurs. Enfin chaque Etat ne peut avoir pour ennemis que d'autres Etats & non pas des hommes, attendu qu'entre chofes de diverfes natures on ne peut fixer aucun vrai rapport.

CE PRINCIPE eft même conforme aux maximes établies de tous les tems & à la pratique conftante de tous les peuples policés. Les déclarations de guerre font moins des avertif-femens aux puiffances qu'à leurs fujets. L'é-tranger, foit roi, foit particulier, foit peuple, qui vole tüe ou détient les fujets fans déclarer la guerre au prince, n'eft pas un ennemi, c'eft un brigand. Même en pleine guerre un prince jufte s'empare bien en pays ennemi de tout ce qui appartient au public, mais il refpecte la perfonne & les biens des particuliers; il refpecte des droits fur lefquels font fondés les fiens. La fin de la guerre étant la deftruction de l'Etat ennemi, on a droit d'en tuer les défenfeurs tant qu'ils ont les armes à la main; mais fitôt qu'ils les pofent & fe rendent, ceffant d'être ennemis ou inftrumens de l'ennemi, ils redeviennent fimplement hommes & l'on n'a plus de droit fur leur vie. Quelquefois on peut tuer l'Etat fans tuer un feul de fes membres: Or la guerre ne donne aucun droit qui ne foit néceffaire à fa fin. Ces principes ne font pas ceux de Grotius; ils ne font pas fondés fur des autorités de poëtes, mais ils dérivent de la nature des chofes, & font fondés fur la raifon.

A L'EGARD du droit de conquête, il n'a d'autre fondement que la loi du plus fort. Si la guerre ne donne point au vainqueur le droit de maſſacrer les peuples vaincus, ce droit qu'il n'a pas ne peut fonder celui de les aſ-ſervir. On n'a le droit de tuer l'ennemi que quand on ne peut le faire eſclave; le droit de le faire eſclave ne vient donc pas du droit de le tuer: C'eſt donc un échange inique de lui faire acheter au prix de ſa liberté ſa vie ſur laquelle on n'a aucun droit. En établiſ-ſant le droit de vie & de mort ſur le droit d'eſclavage, & le droit d'eſclavage ſur le droit de vie & de mort, n'eſt-il pas clair qu'on tombe dans le cercle vicieux?

EN SUPPOSANT même ce terrible droit de tout tuer, je dis qu'un eſclave fait à la guerre ou un peuple conquis n'eſt tenu à rien du tout envers ſon maitre, qu'à lui obéir au-tant qu'il y eſt forcé. En prenant un équi-valent à ſa vie le vainqueur ne lui en a point fait grace; au lieu de le tuer ſans fruit il l'a

tué utilement. Loin donc qu'il ait acquis sur
lui nulle autorité jointe à la force, l'état de
guerre subsiste entre eux comme auparavant,
leur rélation même en est l'effet, & l'usage
du droit de la guerre ne suppose aucun traité de paix. Ils ont fait une convention; soit:
mais cette convention, loin de détruire l'état
de guerre, en suppose la continuité.

Ainsi, de quelque sens qu'on envisage les
choses, le droit d'esclavage est nul, non seulement parce qu'il est illégitime, mais parce
qu'il est absurde & ne signifie rien. Ces mots,
*esclavage*, &, *droit* sont contradictoires ; ils
s'excluent mutuellement. Soit d'un homme à
un homme, soit d'un homme à un peuple,
ce discours sera toujours également insensé.
*Je fais avec toi une convention toute à ta char-*
*ge & toute à mon profit, que j'observerai tant*
*qu'il me plaira, & que tu observeras tant*
*qu'il me plaira.*

## CHAPITRE V.

*Qu'il faut toujours remonter à une premiere convention.*

QUAND j'accorderois tout ce que j'ai réfuté jufqu'ici, les fauteurs du defpotifme n'en feroient pas plus avancés. Il y aura toujours une grande différence entre foumettre une multitude, & régir une fociété. Que des hommes épars foient fucceffivement affervis à un feul, en quelque nombre qu'ils puiffent être, je ne vois là qu'un maitre & des efclaves, je n'y vois point un peuple & fon chef; c'eft fi l'on veut une aggrégation, mais non pas une affociation; il n'y a là ni bien public ni corps politique. Cet homme, eut-il affervi la moitié du monde, n'eft toujours qu'un

particulier ; fon intérêt, féparé de celui des autres, n'eft toujours qu'un intérêt privé. Si ce
même homme vient à périr, fon empire après
lui refte épars & fans liaifon, comme un
chêne fe diffout & tombe en un tas de
cendres, après que le feu l'a confumé.

Un peuple, dit Grotius, peut fe donner à un roi. Selon Grotius un peuple eft
donc un peuple avant de fe donner à un roi.
Ce don même eft un acte civil, il fuppofe
une délibération publique. Avant donc que
d'examiner l'acte par lequel un peuple élit un
roi, il feroit bon d'examiner l'acte par lequel
un peuple eft un peuple. Car cet acte étant
néceffairement antérieur à l'autre eft le vrai
fondement de la fociété.

En effet, s'il n'y avoit point de convention antérieure, où feroit, à moins que l'é-
lection ne fut unanime, l'obligation pour le

petit nombre de se soumettre au choix du
grand, & d'où cent qui veulent un maitre
ont-ils le droit de vôter pour dix qui n'en
veulent point? La loi de la pluralité des suffrages est elle-même un établissement de convention, & suppose au moins une fois l'unanimité.

## CHAPITRE VI.

### *Du pacte Social.*

JE SUPPOSE les hommes parvenus à ce point
où les obstacles qui nuisent à leur conservation
dans l'état de nature, l'emportent par leur résistance sur les forces que chaque individu peut
employer pour se maintenir dans cet état. A-
lors cet état primitif ne peut plus subsister, &
le genre humain périroit s'il ne changeoit sa
maniere d'être.

OR COMME les hommes ne peuvent engen-
drer de nouvelles forces, mais seulement unir &
diriger celles qui existent, ils n'ont plus d'autre moyen pour se conserver, que de former
par aggrégation une somme de forces qui
puisse l'emporter sur la résistance, de les met-

tre en jeu par un feul mobile & de les faire agir de concert.

CETTE fomme de forces ne peut naitre
que du concours de plufieurs: mais la force &
la liberté de chaque homme étant les premiers
inftrumens de fa confervation, comment les
engagera-t-il fans fe nuire, & fans négliger
les foins qu'il fe doit? Cette difficulté ramenée
à mon fujet peut s'énoncer en ces termes.

„ TROUVER une forme d'affociation qui dé-
„ fende & protege de toute la force commu-
„ ne la perfonne & les biens de chaque affo-
„ cié, & par laquelle chacun s'uniffant à tous
„ n'obéiffe pourtant qu'à lui-même & refte
„ auffi libre qu'auparavant? " Tel eft le pro-
blême fondamental dont le contraẟ focial donne la folution.

LES CLAUSES de ce contraẟ font tellement
déterminées par la nature de l'aẟe, que la

moindre modification les rendroit vaines & de
nul effet; en forte que, bien qu'elles n'aient
peut-être jamais été formellement énoncées,
elles font par-tout les mêmes, par-tout tacitement admifes & reconnües; jufqu'à ce que,
le pacte focial étant violé, chacun rentre alors
dans fes premiers droits & reprenne fa liberté
naturelle, en perdant la liberté conventionnelle
pour laquelle il y renonça.

CES CLAUSES bien entendues fe réduifent
toutes à une feule, favoir l'aliénation totale de
chaque affocié avec tous fes droits à toute la
communauté: Car premierement, chacun fe
donnant tout entier, la condition eft égale
pour tous, & la condition étant égale pour
tous, nul n'a intérêt de la rendre onéreufe aux
autres.

DE PLUS, l'aliénation fe faifant fans refer-
ve, l'union eft auffi parfaite qu'elle peut l'être

& nul affocié n'a plus rien à réclamer : Car s'il reftoit quelques droits aux particuliers , comme il n'y auroit aucun fupérieur commun qui put prononcer entre eux & le public, chacun étant en quelque point fon propre juge prétendroit bientôt l'être en tous, l'état de nature fubfifteroit, & l'affociation deviendroit néceffairement tirannique ou vaine.

Enfin chacun fe donnant à tous ne fe donne à perfonne, & comme il n'y a pas un affocié fur lequel on n'acquiere le même droit qu'on lui cede fur foi, on gagne l'équivalent de tout ce qu'on perd, & plus de force pour conferver ce qu'on a.

Si donc on écarte du pacte focial ce qui n'eft pas de fon effence, on trouvera qu'il fe réduit aux termes fuivans. *Chacun de nous met en commun fa perfonne & toute fa puiffance fous la fuprême direction de la volonté générale ; &*

*nous recevons en corps chaque membre comme partie indivifible du tout.*

A L'INSTANT, au lieu de la perfonne particuliere de chaque contractant, cet acte d'affociation produit un corps moral & collectif compofé d'autant de membres que l'affemblée a de voix, lequel reçoit de ce même acte fon unité, fon *moi* commun, fa vie & fa volonté. Cette perfonne publique qui fe forme ainfi par l'union de toutes les autres prenoit autrefois le nom de *Cité* \*, & prend maintenant celui de

\* Le vrai fens de ce mot s'eft prefque entierement effacé chez les modernes; la plupart prennent une ville pour une Cité & un bourgeois pour un Citoyen. Ils ne favent pas que les maifons font la ville mais que les Citoyens font la Cité. Cette même erreur coûta cher autrefois aux Carthaginois. Je n'ai pas lû que le titre de *Cives* ait jamais été donné aux fujets d'aucun Prince, pas même anciennement aux Macédoniens, ni de nos jours aux Anglois, quoique plus près de la liberté que tous les autres. Les feuls François prennent tout familiérement ce nom de *Citoyens*, parce qu'ils n'en ont aucune véritable idée, comme on peut le voir dans leurs Dic-

*République* ou de *corps politique*, lequel eſt appellé par ſes membres *Etat* quand il eſt paſſif, *Souverain* quand il eſt actif, *Puiſſance* en le comparant à ſes ſemblables. A l'égard des aſſociés ils prennent collectivement le nom de *peuple*, & s'appellent en particulier *Citoyens* comme participans à l'autorité ſouveraine, & *Sujets* comme ſoumis aux loix de l'Etat. Mais ces termes ſe confondent ſouvent & ſe prennent l'un pour l'autre ; il ſuffit de les ſavoir diſtinguer quand ils ſont employés dans toute leur préciſion.

tionnaires, ſans quoi ils tomberoient en l'uſurpant dans le crime de Léze-Majeſté : ce nom chez eux exprime une vertu & non pas un droit. Quand Bodin a voulu parler de nos Citoyens & Bourgeois, il a fait une lourde bévüe en prenant les uns pour les autres. M. d'Alembert ne s'y eſt pas trompé, & a bien diſtingué dans ſon article *Genève* les quatre ordres d'hommes (même cinq en y comptant les ſimples étrangers,) qui ſont dans nôtre ville, & dont deux ſeulement compoſent la République. Nul autre auteur François, que je ſache, n'a compris le vrai ſens du mot *Citoyen*.

# CHAPITRE VII.

## Du Souverain.

ON VOIT par cette formule que l'acte d'association renferme un engagement réciproque du public avec les particuliers, & que chaque individu, contractant, pour ainsi dire, avec lui-même, se trouve engagé sous un double rapport; savoir, comme membre du Souverain envers les particuliers, & comme membre de l'Etat envers le Souverain. Mais on ne peut appliquer ici la maxime du droit civil que nul n'est tenu aux engagemens pris avec lui-même; car il y a bien de la différence entre s'obliger envers soi, ou envers un tout dont on fait partie.

IL FAUT remarquer encore que la délibéra-

tion

tion publique, qui peut obliger tous les sujets envers le Souverain, à cause des deux différens rapports sous lesquels chacun d'eux est envisagé, ne peut, par la raison contraire, obliger le Souverain envers lui-même, & que, par conséquent, il est contre la nature du corps politique que le Souverain s'impose une loi qu'il ne puisse enfreindre. Ne pouvant se considérer que sous un seul & même rapport il est alors dans le cas d'un particulier contractant avec soi-même: par où l'on voit qu'il n'y a ni ne peut y avoir nulle espece de loi fondamentale obligatoire pour le corps du peuple, pas même le contract social. Ce qui ne signifie pas que ce corps ne puisse fort bien s'engager envers autrui en ce qui ne déroge point à ce contract; car à l'égard de l'étranger, il devient un être simple, un individu.

Mais le corps politique ou le Souverain ne

C

tirant fon être que de la fainteté du contract
ne peut jamais s'obliger, même envers autrui,
à rien qui déroge à cet acte primitif, comme
d'aliéner quelque portion de lui-même ou de fe
foumettre à un autre Souverain. Violer l'acte
par lequel il exifte feroit s'anéantir, & ce qui
n'eft rien ne produit rien.

Sitot que cette multitude eft ainfi réunie
en un corps, on ne peut offenfer un des membres fans attaquer le corps; encore moins offenfer le corps fans que les membres s'en ref-
fentent. Ainfi le devoir & l'intérêt obligent é-
galement les deux parties contractantes à s'en-
tre-aider mutuellement, & les mêmes hommes
doivent chercher à réunir fous ce double rapport tous les avantages qui en dépendent.

Or le Souverain n'étant formé que des particuliers qui le compofent n'a ni ne peut avoir
d'intérêt contraire au leur; par conféquent la

puiffance Souveraine n'a nul befoin de gárant envers les fujets, parce qu'il eft impoffible que le corps veuille nuire à tous fes membres, & nous verrons ci-après qu'il ne peut nuire à aucun en particulier. Le Souverain, par cela feul qu'il eft, eft toujours tout ce qu'il doit être.

Mais il n'en eft pas ainfi des fujets envers le Souverain, auquel malgré l'intérêt commun, rien ne répondroit de leurs engagemens s'il ne trouvoit des moyens de s'affurer de leur fidélité.

En effet chaque individu peut comme homme avoir une volonté particuliere contraire ou diffemblable à la volonté générale qu'il a comme Citoyen. Son intérêt particulier peut lui parler tout autrement que l'intérêt commun; fon exiftence abfolue & naturellement indépendante peut lui faire envifager ce qu'il doit à la caufe commune comme une contribution gratuite, dont la perte fera moins nuifible aux autres que le payement n'en eft onéreux pour

lui, & regardant la perfonne morale qui conftitue l'Etat comme un être de raifon parce que
ce n'eft pas un homme, il jouiroit des droits
du citoyen fans vouloir remplir les devoirs du
fujet; injuftice dont le progrès cauferoit la ruine du corps politique.

Afin donc que le pacte focial ne foit pas
un vain formulaire, il renferme tacitement cet
engagement qui feul peut donner de la force
aux autres, que quiconque refufera d'obéir à
la volonté générale y fera contraint par tout le
corps: ce qui ne fignifie autre chofe finon
qu'on le forcera d'être libre; car telle eft la
condition qui donnant chaque Citoyen à la Patrie le garantit de toute dépendance perfonnel-
le; condition qui fait l'artifice & le jeu de la
machine politique, & qui feule rend légitimes
les engagemens civils, lefquels fans cela feroient
abfurdes, tyranniques, & fujets aux plus énor-
mes abus.

# CHAPITRE VIII.

## De l'état civil.

Ce passage de l'état de nature à l'état civil produit dans l'homme un changement très rémarquable, en fubftituant dans fa conduite la juftice à l'inftinct, & donnant à fes actions la moralité qui leur manquoit auparavant. C'eft alors feulement que la voix du devoir fuccédant à l'impulfion phyfique & le droit à l'appetit, l'homme, qui jufques là n'avoit regardé que lui-même, fe voit forcé d'agir fur d'autres principes, & de confulter fa raifon avant d'écouter fes penchans. Quoiqu'il fe prive dans cet état de plufieurs avantages qu'il tient de la nature, il en regagne de fi grands, fes facultés s'exercent & fe développent, fes idées s'étendent,

fes fentimens s'ennobliffent, fon ame toute entiere s'éleve à tel point, que fi les abus de cette nouvelle condition ne le dégradoient fouvent
au deffous de celle dont il eft forti, il devroit
bénir fans ceffe l'inftant heureux qui l'en arra-
cha pour jamais, & qui, d'un animal ftupide
& borné, fit un être intelligent & un homme.

REDUISONS toute cette balance à des termes faciles à comparer. Ce que l'homme perd
par le contract focial, c'eft fa liberté naturelle
& un droit illimité à tout ce qui le tente &
qu'il peut atteindre; ce qu'il gagne, c'eft la liberté civile & la propriété de tout ce qu'il poffede. Pour ne pas fe tromper dans ces com-
penfations, il faut bien diftinguer la liberté naturelle qui n'a pour bornes que les forces de l'individu, de la liberté civile qui eft limitée par la
volonté générale, & la poffeffion qui n'eft que
l'effet de la force ou le droit du premier occu-

pant, de la propriété qui ne peut être fondée que fur un titre pofitif.

ON POURROIT fur ce qui précede ajouter à l'acquis de l'état civil•la liberté morale, qui feule rend l'homme vraiment maitre de lui ; car l'impulfion du feul appetit eft efclavage, & l'obéiffance à la loi qu'on s'eft prefcritte eft liberté. Mais je n'en ai déjà que trop dit fur cet article, & le fens philofophique du mot *liberté* n'eft pas ici de mon fujet.

## CHAPITRE IX.

### Du domaine réel.

CHAQUE membre de la communauté se donne à elle au moment qu'elle se forme, tel qu'il se trouve actuellement, lui & toute ses forces, dont les biens qu'il possede font partie. Ce n'est pas que par cet acte la possession change de nature en changeant de mains, & devienne propriété dans celles du Souverain : Mais comme les forces de la Cité sont incomparablement plus grandes que celles d'un particulier, la possession publique est aussi dans le fait plus forte & plus irrévocable, sans être plus légitime, au moins pour les étrangers. Car l'Etat à l'égard de ses membres est maitre de tous leurs biens par le contract social, qui dans l'Etat fert de bafe à tous les droits; mais il ne l'eft à l'égard des autres Puiffances que par le droit de premier occupant qu'il tient des particuliers.

LE DROIT de premier occupant, quoique plus réel que celui du plus fort, ne devient un vrai droit qu'après l'établiffement de celui de propriété. Tout homme a naturellement droit à tout ce qui lui eft néceffaire; mais l'acte pofitif qui le rend propriétaire de quelque bien l'exclud de tout le refte. Sa part étant faite il doit s'y borner, & n'a plus aucun droit à la communauté. Voilà pourquoi le droit de premier occupant, fi foible dans l'état de nature, eft refpectable à tout homme civil. On refpecte moins dans ce droit ce qui eft à autrui que ce qui n'eft pas à foi.

EN GENERAL, pour autorifer fur un terrain quelconque le droit de premier occupant, il faut les conditions fuivantes. Premierement que ce terrain ne foit encore habité par perfonne ; fecondement qu'on n'en occupe que la quantité dont on a befoin pour fubfifter : En troifieme lieu qu'on en prenne poffeffion, non par une vaine cérémonie, mais par le travail & la culture, feul figne de propriété qui au défaut de titres juridiques doive être refpecté d'autrui.

En effet, accorder au befoin & au travail le droit de premier occupant, n'eft-ce pas l'étendre auffi loin qu'il peut aller? Peut-on ne pas donner des bornes à ce droit? Suffira-t-il de mettre le pied fur un terrain commun pour s'en prétendre auffi-tôt le maitre? Suffira-t-il d'avoir la force d'en écarter un moment les autres hommes pour leur ôter le droit d'y jamais revenir? Comment un homme ou un peuple peut-il s'emparer d'un territoire immenfe & en pri-

ver tout le genre humain autrement que par u-
ne ufurpation puniffable, puifqu'elle ôte au refte des hommes le féjour & les alimens que la
nature leur donne en commun? Quand Nuñez
Balbao prenoit fur le rivage poffeffion de la mer
du fud & de toute l'Amérique méridionale au
nom de la couronne de Caftille, étoit-ce affez
pour en dépoffeder tous les habitans & en ex-
clurre tous les Princes du monde? Sur ce pied-
là ces cérémonies fe multiplioient affez vaine-
ment, & le Roi catholique n'avoit tout d'un
coup qu'à prendre de fon cabinet poffeffion de
tout l'univers; fauf à retrancher enfuite de fon
empire ce qui étoit auparavant poffédé par les
autres Princes.

ON CONÇOIT comment les terres des particuliers réunies & contigues deviennent le territoire public, & comment le droit de fouveraineté s'étendant des fujets au terrain qu'ils occu-

pent devient à la fois réel & perfonnel; ce qui
met les poſſeſſeurs dans une plus grande dépendance, & fait de leurs forces mêmes les garants
de leur fidélité.    Avantage qui ne paroît pas a-
voir été bien fenti des anciens monarques qui
ne s'appellant que Rois des Perſes, des Scïthes,
des Macédoniens, ſembloient ſe regarder comme les chefs des hommes plutôt que comme les
maitres du pays.    Ceux d'aujourd'hui s'appellent plus habilement Rois de France, d'Eſpa-
gne, d'Angleterre &c.    En tenant ainſi le terrain, ils ſont bien ſûrs d'en tenir les habitans.

CE QU'IL y a de ſingulier dans cette aliénation, c'eſt que, loin qu'en acceptant les biens
des particuliers la communauté les en dépouille,
elle ne fait que leur en aſſurer la légitime poſ-
ſeſſion, changer l'uſurpation en un véritable
droit, & la jouiſſance en propriété.    Alors les
poſſeſſeurs étant conſidérés comme dépoſitaires

du bien public, leurs droits étant respectés de tous les membres de l'Etat & maintenus de toutes ses forces contre l'étranger, par une cession avantageuse au public & plus encore à eux-mêmes, ils ont, pour ainsi dire, acquis tout ce qu'ils ont donné. Paradoxe qui s'explique aisément par la distinction des droits que le souverain & le propriétaire ont sur le même fond, comme on verra ci-après.

Il peut arriver aussi que les hommes commencent à s'unir avant que de rien posséder, & que, s'emparant ensuite d'un terrain suffisant pour tous, ils en jouissent en commun, ou qu'ils le partagent entre eux, soit également soit selon des proportions établies par le Souverain. De quelque maniere que se fasse cette acquisition, le droit que chaque particulier a sur son propre fond est toujours subordonné au droit que la communauté a sur tous, sans quoi il n'y auroit ni folidité dans le lien focial, ni force réelle dans l'exercice de la Souveraineté.

Je terminerai ce chapitre & ce livre par une remarque qui doit fervir de bafe à tout le fiftême focial; c'eft qu'au lieu de détruire l'égalité naturelle, le pacte fondamental fubftitue au contraire une égalité morale & légitime à ce que la nature avoit pu mettre d'inégalité phyfique entre les hommes, & que, pouvant être inégaux en force ou en génie, ils deviennent tous égaux par convention & de droit *.

* Sous les mauvais gouvernemens cette égalité n'eft qu'apparente & illufoire; elle ne fert qu'à maintenir le pauvre dans fa mifere & le riche dans fon ufurpation. Dans le fait les loix font toujours utiles à ceux qui poffedent & nuifibles à ceux qui n'ont rien: D'où il fuit que l'état focial n'eft avantageux aux hommes qu'autant qu'ils ont tous quelque chofe & qu'aucun d'eux n'a rien de trop.

*Fin du Livre premier.*

# D U
# CONTRACT SOCIAL;
## O U,
## *PRINCIPES*
## D U
# DROIT POLITIQUE.

## *LIVRE II.*

## CHAPITRE I.

*Que la souveraineté est inaliénable.*

La premiere & la plus importante conséquence des principes ci - devant établis est que
la volonté générale peut seule diriger les forces
de l'Etat selon la fin de son institution, qui est le

bien commun: car fi l'oppofition des intérêts particuliers a rendu néceffaire l'établiffement des fociétés, c'eft l'accord de ces mêmes intérêts qui l'a rendu poffible. C'eft ce qu'il y a de commun dans ces différens intérêts qui forme le lien focial, & s'il n'y avoit pas quelque point dans lequel tous les intérêts s'accordent, nulle fociété ne fauroit exifter. Or c'eft uniquement fur cet intérêt commun que la fociété doit être gouvernée.

JE DIS donc que la fouveraineté n'étant que l'exercice de la volonté générale ne peut jamais s'aliéner, & que le fouverain, qui n'eft qu'un être collectif, ne peut être repréfenté que par lui-même; le pouvoir peut bien fe tranfmettre, mais non pas la volonté.

EN EFFET, s'il n'eft pas impoffible qu'une volonté particuliere s'accorde fur quelque point avec la volonté générale; il eft impoffible au

moins

moins que cet accord foit durable & conftant;
car la volonté particuliere tend par fa nature
aux préférences, & la volonté générale à l'égalité. Il eft plus impoffible encore qu'on ait un
garant de cet accord quand même il devroit
toujours exifter; ce ne feroit pas un effet de
l'art mais du hazard. Le Souverain peut bien
dire, je veux actuellement ce que veut un tel
homme ou du moins ce qu'il dit vouloir; mais
il ne peut pas dire; ce que cet homme voudra
demain, je le voudrai encore; puifqu'il eft abfurde que la volonté fe donne des chaines pour l'a-
venir, & puifqu'il ne dépend d'aucune volonté
de confentir à rien de contraire au bien de l'ê-
tre qui veut. Si donc le peuple promet fimplement d'obéir, il fe diffout par cet acte, il perd
fa qualité de peuple; à l'inftant qu'il y a un
maitre il n'y a plus de Souverain, & dès lors
le corps politique eft détruit.

D

Ce n'est point à dire que les ordres des chefs ne puissent passer pour des volontés générales, tant que le Souverain libre de s'y opposer ne le fait pas. En pareil cas, du silence universel on doit présumer le consentement du peuple. Ceci s'expliquera plus au long.

## CHAPITRE II.

*Que la souveraineté est indivisible.*

Par la même raison que la souveraineté est inaliénable, elle est indivisible. Car la volonté est générale *, ou elle ne l'est pas; elle est celle du corps du peuple, ou seulement d'une partie. Dans le premier cas cette volonté déclarée est un acte de souveraineté & fait loi: Dans le second, ce n'est qu'une volonté particuliere, ou un acte de magistrature; c'est un décret tout au plus.

Mais nos politiques ne pouvant diviser la souveraineté dans son principe, la divisent dans

---

\* Pour qu'une volonté soit générale il n'est pas toujours nécessaire qu'elle soit unanime, mais il est nécessaire que toutes les voix soient comptées; toute exclusion formelle rompt la généralité.

fon objet; ils la divifent en force & en volonté,
en puiffance légiflative & en puiffance exécutive, en droits d'impôts, de juftice, & de guerre,
en adminiftration intérieure & en pouvoir de
traitter avec l'étranger : tantôt ils confondent
toutes ces parties & tantôt ils les féparent; ils
font du Souverain un être fantaftique & formé
de pieces rapportées; c'eft comme s'ils compofoient l'homme de plufieurs corps dont l'un auroit des yeux, l'autre des bras, l'autre des
pieds, & rien de plus. Les charlatans du Ja-
pon depécent, dit-on, un enfant aux yeux des
fpectateurs, puis jettant en l'air tous fes membres l'un après l'autre, ils font retomber l'enfant vivant & tout raffemblé.　Tels font à peu
près les tours de gobelets de nos politiques;
après avoir démembré le corps focial par un
preftige digne de la foire, ils raffemblent les
pieces on ne fait comment.

CETTE erreur vient de ne s'être pas fait des notions exactes de l'autorité souveraine, & d'avoir pris pour des parties de cette autorité ce qui n'en étoit que des émanations. Ainfi, par exemple, on a regardé l'acte de déclarer la guerre & celui de faire la paix comme des actes de fouveraineté, ce qui n'eft pas; puifque chacun de ces actes n'eft point une loi mais feulement une application de la loi, un acte particulier qui détermine le cas de la loi, comme on le verra clairement quand l'idée attachée au mot *loi* fera fixée.

EN SUIVANT de même les autres divifions on trouveroit que toutes les fois qu'on croit voir la fouveraineté partagée on fe trompe, que les droits qu'on prend pour des parties de cette fouveraineté lui font tous fubordonnés, & fuppofent toujours des volontés fuprêmes dont ces droits ne donnent que l'exécution.

On ne sauroit dire combien ce défaut d'ex-
actitude a jetté d'obscurité sur les décisions des
auteurs en matiere de droit politique, quand ils
ont voulu juger des droits respectifs des rois &
des peuples, sur les principes qu'ils avoient établis. Chacun peut voir dans les chapitres III
& IV du premier livre de Grotius comment ce
savant homme & son traducteur Barbeyrac s'en-
chevêtrent s'embarrassent dans leurs sophismes,
crainte d'en dire trop ou de n'en pas dire assez
selon leurs vues, & de choquer les intérêts
qu'ils avoient à concilier. Grotius réfugié en
France, mécontent de sa patrie, & voulant
faire sa cour à Louis XIII à qui son livre est
dédié, n'épargne rien pour dépouiller les peuples de tous leurs droits & pour en revêtir les
rois avec tout l'art possible. C'eut bien été aussi le goût de Barbeyrac, qui dédioit sa traduc-
tion au Roi d'Angleterre George I. Mais mal-

heureusement l'expulsion de Jaques II qu'il appelle abdication, le forçoit à se tenir sur la reserve, à gauchir à tergiverser pour ne pas faire de Guillaume un usurpateur. Si ces deux écrivains avoient adopté les vrais principes, toutes les difficultés étoient levées & ils eussent été toujours conséquents ; mais ils auroient tristement dit la vérité & n'auroient fait leur cour qu'au peuple. Or la vérité ne mene point à la fortune, & le peuple ne donne ni ambassades, ni chaires, ni pensions.

## CHAPITRE III.

### *Si la volonté générale peut errer.*

Il s'ensuit de ce qui précede que la volonté générale eft toujours droite & tend toujours à l'utilité publique : mais il ne s'enfuit pas
que les déliberations du peuple aient toujours
la même rectitude. On veut toujours fon bien,
mais on ne le voit pas toujours : Jamais on ne
corrompt le peuple, mais fouvent on le trompe, & c'eft alors feulement qu'il paroit vouloir
ce qui eft mal.

Il y a fouvent bien de la différence entre la
volonté de tous & la volonté générale ; celle-ci
ne regarde qu'à l'intérêt commun, l'autre regarde à l'intérêt privé, & n'eft qu'une fomme
de volontés particulieres : mais ôtez de ces mê-

mes volontés les plus & les moins qui s'entredé-
truifent *, refte pour fomme des différences la
volonté générale.

Sɪ, QUAND le peuple fuffifamment informé
délibére, les Citoyens n'avoient aucune communication entre eux, du grand nombre de petites différences réfulteroit toujours la volonté
générale, & la délibération feroit toujours bonne. Mais quand il fe fait des brigues, des affociations partielles aux dépends de la grande,
la volonté de chacune de ces affociations devient générale par rapport à fes membres, &
particuliere par rapport à l'Etat; on peut di-

---

* *Chaque intérêt*, dit le M. d'A. *a des principes différens. L'accord de deux intérêts particuliers fe forme par oppofition à celui d'un tiers.* Il eut pu ajouter que l'accord
de tous les intérêts fe forme par oppofition à celui de
chacun. S'il n'y avoit point d'intérêts différens, à peine fentiroit-on l'intérêt commun qui ne trouveroit jamais
d'obftacle : tout iroit de lui-même, & la politique cef-
feroit d'être un art.

D 5

re alors qu'il n'y a plus autant de votans que
d'hommes, mais feulement autant que d'affociations. Les différences deviennent moins nom-
breufes & donnent un réfultat moins général.
Enfin quand une de ces affociations eft fi grande qu'elle l'emporte fur toutes les autres, vous
n'avez plus pour réfultat une fomme de petites
différences, mais une différence unique; alors
il n'y a plus de volonté générale, & l'avis qui
l'emporte n'eft qu'un avis particulier.

Il importe donc pour avoir bien l'énon-
cé de la volonté générale qu'il n'y ait pas de
fociété partielle dans l'Etat & que chaque Citoyen n'opine que d'après lui *. Telle fut l'uni-

---

* *Vera cofa è*, dit Machiavel, *che alcuni divifioni nuocono alle Republiche, e alcune giovano: quelle nuocono che
fono dalle fette e da partigiani accompagnate: quelle 'giovano che fenza fette, fenza partigiani fi mantengono. Non po-
tendo adunque provedere un fondatore d'una Republica che non
fiano nimicizie in quella, hà da proveder almeno che non
vi fiano fette.* Hift. Fiorent. L. VII.

que & fublime inftitution du grand Lycurgue.
Que s'il y a des fociétés partielles, il en faut
multiplier le nombre & en prévenir l'inégalité,
comme firent Solon, Numa, Servius. Ces précautions font les feules bonnes pour que la volonté générale foit toujours éclairée, & que le
peuple ne fe trompe point.

## CHAPITRE IV.

### Des bornes du pouvoir Souverain.

Si l'Etat ou la Cité n'eſt qu'une perſonne morale dont la vie conſiſte dans l'union de ſes membres, & ſi le plus important de ſes ſoins eſt celui de ſa propre conſervation, il lui faut une force univerſelle & compulſive pour mouvoir & diſpoſer chaque partie de la maniere la plus convenable au tout. Comme la nature donne à chaque homme un pouvoir abſolu ſur tous ſes membres, le pacte ſocial donne au corps politique un pouvoir abſolu ſur tous les ſiens, & c'eſt ce même pouvoir, qui, dirigé par la volonté générale porte, comme j'ai dit, le nom de ſouveraineté.

Mais outre la perſonne publique, nous avons

à confidérer les perfonnes privées qui la compofent, & dont la vie & la liberté font naturellement indépendantes d'elle. Il s'agit donc de bien
diftinguer les droits refpectifs des Citoyens &
du Souverain *, & les devoirs qu'ont à remplir
les premiers en qualité de fujets, du droit naturel dont ils doivent jouir en qualité d'hommes.

On convient que tout ce que chacun a-
liéne par le pacte focial de fa puiffance de fes
biens de fa liberté, c'eft feulement la partie
de tout cela dont l'ufage importe à la communauté, mais il faut convenir auffi que le Souverain feul eft juge de cette importance.

Tous les fervices qu'un citoyen peut rendre
à l'Etat, il les lui doit fitôt que le Souverain les
demande; mais le Souverain de fon côté ne peut

❀❁❀❁❀❁❀❁❀❁❀❁❀❁❀❁❀❁❀❁❀❁❀❁❀❁❀❁

* Lecteurs attentifs, ne vous preffez pas, je vous
prie, de m'accufer ici de contradiction. Je n'ai pu l'éviter dans les termes, vû la pauvreté de la langue; mais
attendez.

charger les sujets d'aucune chaine inutile à la communauté ; il ne peut pas même le vouloir : car sous la loi de raison rien ne se fait sans cause, non plus que sous la loi de nature.

LES ENGAGEMENS qui nous lient au corps social ne sont obligatoires que parce qu'ils sont mutuels, & leur nature est telle qu'en les remplissant on ne peut travailler pour autrui sans travailler aussi pour soi. Pourquoi la volonté générale est elle toujours droite, & pourquoi tous veulent - ils constamment le bonheur de chacun d'eux, si ce n'est parce qu'il n'y a personne qui ne s'approprie ce mot *chacun*, & qui ne songe à lui-même en votant pour tous ? Ce qui prouve que l'égalité de droit & la notion de justice qu'elle produit dérive de la préférence que chacun se donne & par conséquent de la nature de l'homme, que la volonté générale pour être vraîment telle doit l'être dans fon objet ainfi que dans fon effence, qu'elle doit partir de tous pour s'appliquer à tous, & qu'elle perd fa rectitude naturelle lorfqu'elle tend à quelque objet individuel & déterminé; parce qu'alors jugeant de ce qui nous eft étranger nous n'avons aucun vrai principe d'équité qui nous guide.

EN EFFET, fitôt qu'il s'agit d'un fait ou d'un droit particulier, fur un point qui n'a pas été réglé par une convention générale & antérieure, l'affaire devient contentieufe. C'eft un procès où les particuliers intéreffés font une des parties & le public l'autre, mais où je ne vois ni la loi qu'il faut fuivre, ni le juge qui doit prononcer. Il feroit ridicule de vouloir alors s'en rapporter à une expreffe décifion de la volonté générale, qui ne peut être que la conclufion de l'une des parties, & qui par conféquent n'eft pour l'autre qu'une volonté étrangere, particuliere, portée en cette occasion à l'injustice & sujette à l'erreur. Ainsi de même qu'une volonté particuliere ne peut répréfenter la volonté générale, la volonté générale à son tour change de nature ayant un objet particulier, & ne peut comme générale prononcer ni fur un homme ni fur un fait. Quand le peuple d'Athenes, par exemple, nommoit ou caffoit fes chefs, décernoit des honneurs à l'un, impofoit des peines à l'autre, & par des multitudes de décrets particuliers exerçoit indiftinctement tous les actes du Gouvernement, le peuple alors n'avoit plus de volonté générale proprement dite; il n'agiffoit plus comme Souverain mais comme magiftrat. Ceci paroitra contraire aux idées communes, mais il faut me laiffer le tems d'expofer les miennes.

On doit concevoir par là, que ce qui généralife la volonté eft moins le nombre des voix,

que

que l'intérêt commun qui les unit : car dans cette inſtitution chacun ſe ſoumet néceſſairement
aux conditions qu'il impoſe aux autres ; accord
admirable de l'intérêt & de la juſtice qui donne
aux délibérations communes un caraƈtere d'é-
quité qu'on voit évanouir dans la diſcuſſion de
toute affaire particuliere, faute d'un intérêt
commun qui uniſſe & identifie la regle du
juge avec celle de la partie.

Par quelque côté qu'on remonte au principe, on arrive toujours à la même concluſion ;
ſavoir, que le paƈte ſocial établit entre les citoyens une telle égalité qu'ils s'engagent tous
ſous les mêmes conditions, & doivent jouir
tous des mêmes droits. Ainſi par la nature du
paƈte, tout aƈte de ſouveraineté, c'eſt-à-dire
tout aƈte authentique de la volonté générale
oblige ou favoriſe également tous les Citoyens,
enſorte que le Souverain connoit ſeulement le

E

corps de la nation & ne diſtingue aucun de ceux qui la compoſent. Qu'eſt-ce donc proprement qu'un acte de ſouveraineté? Ce n'eſt pas une convention du ſupérieur avec l'inférieur, mais une convention du corps avec chacun de ſes membres : Convention légitime, parce qu'elle a pour baſe le contract ſocial, équitable, parce qu'elle eſt commune à tous, utile, parce qu'elle ne peut avoir d'autre objet que le bien général, & ſolide, parce qu'elle a pour garant la force publique & le pouvoir ſuprême. Tant que les ſujets ne ſont ſoumis qu'à de telles conventions, ils n'obéiſſent à perſonne, mais ſeulement à leur propre volonté ; & demander juſqu'où s'étendent les droits reſpectifs du Souverain & des Citoyens, c'eſt demander juſqu'à quel point ceux-ci peuvent s'engager avec eux-mêmes, chacun envers tous & tous envers chacun d'eux.

On voit par-là que le pouvoir Souverain, tout abfolu, tout facré, tout inviolable qu'il eft, ne paffe ni ne peut paffer les bornes des conventions générales, & que tout homme peut difpofer pleinement de ce qui lui a été laiffé de fes biens & de fa liberté par ces conventions; de forte que le Souverain n'eft jamais en droit de charger un fujet plus qu'un autre, parce qu'alors l'affaire devenant particuliere, fon pouvoir n'eft plus compétent.

Ces diftinctions une fois admifes, il eft fi faux que dans le contract focial il y ait de la part des particuliers aucune renonciation véritable, que leur fituation, par l'effet de ce contract fe trouve réellement préférable à ce qu'elle étoit auparavant, & qu'au lieu d'une aliénation, ils n'ont fait qu'un échange avantageux d'une maniere d'être incertaine & précaire contre une autre meilleure & plus fûre, de l'indépendance naturelle contre la liberté, du pouvoir de nuire à autrui contre leur propre sureté, & de leur force que d'autres pouvoient surmonter contre un droit que l'union sociale rend invincible. Leur vie même qu'ils ont dévouée à l'Etat en est continuellement protégée, & lorsqu'ils l'exposent pour sa défense que font-ils alors que lui rendre ce qu'ils ont reçu de lui? Que font-ils qu'ils ne fissent plus fréquemment & avec plus de danger dans l'état de nature, lorsque livrant des combats inévitables, ils défendroient au péril de leur vie ce qui leur sert à la conserver? Tous ont à combattre au besoin pour la patrie, il est vrai; mais aussi nul n'a jamais à combattre pour soi. Ne gagne-t-on pas encore à courir pour ce qui fait notre sureté une partie des risques qu'il faudroit courir pour nous-mêmes sitôt qu'elle nous feroit ôtée?

## CHAPITRE V.

### Du droit de vie & de mort.

ON DEMANDE comment les particuliers n'ayant point droit de difpofer de leur propre vie peuvent tranfmettre au Souverain ce même droit qu'ils n'ont pas? Cette queftion ne paroit difficile à réfoudre que parce qu'elle eft mal pofée. Tout homme a droit de rifquer fa propre vie pour la conferver. A-t-on jamais dit que celui qui fe jette par une fenêtre pour échaper à un incendie, foit coupable de fuicide? A-t-on même jamais imputé ce crime à celui qui périt dans une tempête dont en s'embarquant il n'ignoroit pas le danger?

LE TRAITE' focial a pour fin la confervation des contractans. Qui veut la fin veut auffi les moyens, & ces moyens font inféparables de quelques rifques, même de quelques pertes. Qui veut conferver fa vie aux dépends des autres, doit la donner auffi pour eux quand il faut. Or le Citoyen n'eft plus juge du péril auquel la loi veut qu'il s'expofe, & quand le Prince lui a dit, il eft expédient à l'Etat que tu meures, il doit mourir; puifque ce n'eft qu'à cette condition qu'il a vécu en fureté jufqu'alors, & que fa vie n'eft plus feulement un bienfait de la nature, mais un don conditionnel de l'Etat.

La peine de mort infligée aux criminels peut être envifagée à peu près fous le même point de vue: c'eft pour n'être pas la victime d'un affaffin que l'on confent à mourir fi on le devient. Dans ce traité, loin de difpofer de fa propre vie on ne fonge qu'à la garantir, & il n'eft pas à préfumer qu'aucun des contraĉtans prémédite alors de fe faire pendre.

D'AILLEURS tout malfaiteur attaquant le droit focial devient par fes forfaits rebelle & traître à la patrie, il ceffe d'en être membre en violant fes loix, & même il lui fait la guerre. Alors la confervation de l'Etat eft incompatible avec la fienne, il faut qu'un des deux périffe, & quand on fait mourir le coupable, c'eft moins comme Citoyen que comme ennemi. Les procédures, le jugement, font les preuves & la déclaration qu'il a rompu le traité focial, & par conféquent qu'il n'eft plus membre de l'Etat. Or comme il s'eft reconnu tel, tout au moins par fon féjour, il en doit être retranché par l'exil comme infraĉteur du paĉte, ou par la mort comme ennemi public; car un tel ennemi n'eft pas une perfonne morale, c'eft un homme, & c'eft alors que le droit de la guerre eft de tuer le vaincu.

E 4

MAIS dira-t-on, la condannation d'un Criminel eft un acte particulier. D'accord; auffi cette condannation n'appartient-elle point au Souverain; c'eft un droit qu'il peut conférer fans pouvoir l'exercer lui-même. Toutes mes idées fe tiennent, mais je ne faurois les expofer toutes à la fois.

AU RESTE la fréquence des fupplices eft toujours un figne de foibleffe ou de pareffe dans le Gouvernement. Il n'y a point de méchant qu'on ne pût rendre bon à quelque chofe. On n'a droit de faire mourir, même pour l'exemple, que celui qu'on ne peut conferver fans danger.

A L'EGARD du droit de faire grace, ou d'exempter un coupable de la peine portée par la loi & prononcée par le juge, il n'appartient qu'à celui qui eft au deffus du juge & de la loi, c'eft-à-dire au Souverain: Encore fon droit en ceci n'eft-il pas bien net, & les cas d'en ufer font-ils très rares. Dans un Etat bien gouverné il y a peu de punitions, non parce qu'on fait beaucoup de graces, mais parce qu'il y a peu de criminels: la multitude des crimes en affure l'impunité lorfque l'Etat dépérit. Sous la République Romaine jamais le Sénat ni les Confuls ne tenterent de faire grace; le peuple même n'en faifoit pas, quoiqu'il révocât quelquefois fon propre jugement. Les fréquentes graces annoncent que bientôt les forfaits n'en auront plus befoin, & chacun voit où cela mene. Mais je fens que mon cœur murmure & retient ma plume; laiffons difcuter ces queftions à l'homme jufte qui n'a point failli, & qui jamais n'eût lui-même befoin de grace.

## CHAPITRE VI.

### *De la loi.*

Par le pacte social nous avons donné l'exiſtence & la vie au corps politique : il s'agit maintenant de lui donner le mouvement & la volonté par la légiſlation. Car l'acte primitif par lequel ce corps ſe forme & s'unit ne détermine rien encore de ce qu'il doit faire pour ſe conſerver.

Ce qui eſt bien & conforme à l'ordre eſt tel par la nature des choſes & indépendamment des conventions humaines. Toute juſtice vient de Dieu, lui ſeul en eſt la ſource; mais ſi nous ſavions la recevoir de ſi haut nous n'aurions beſoin ni de gouvernement ni de loix. Sans doute il eſt une juſtice univerſelle émanée de la raifon feule; mais cette juftice pour être admife entre nous doit être réciproque. A confidérer humainement les chofes, faute de fanction naturelle les loix de la juftice font vaines parmi les hommes; elles ne font que le bien du méchant & le mal du jufte, quand celui-ci les obferve avec tout le monde fans que perfonne les obferve avec lui. Il faut donc des conventions & des loix pour unir les droits aux devoirs & ramener la juftice à fon objet. Dans l'état de nature, où tout eft commun, je ne dois rien à ceux à qui je n'ai rien promis, je ne reconnois pour être à autrui que ce qui m'eft inutile. Il n'en eft pas ainfi dans l'état civil où tous les droits font fixés par la loi.

MAIS qu'eft-ce donc enfin qu'une loi? Tant qu'on fe contentera de n'attacher à ce mot que des idées métaphyfiques, on continuera de raifonner fans s'entendre; & quand on aura dit ce que c'eſt qu'une loi de la nature on n'en ſaura pas mieux ce que c'eſt qu'une loi de l'Etat.

J'AI déjà dit qu'il n'y avoit point de volonté générale ſur un objet particulier. En effet cet objet particulier eſt dans l'Etat ou hors de l'Etat. S'il eſt hors de l'Etat, une volonté qui lui eſt étrangere n'eſt point générale par rapport à lui; & ſi cet objet eſt dans l'Etat, il en fait partie: Alors il ſe forme entre le tout & ſa partie une rélation qui en fait deux êtres ſéparés, dont la partie eſt l'un, & le tout moins cette même partie eſt l'autre. Mais le tout moins une partie n'eſt point le tout, & tant que ce rapport ſubſiſte il n'y a plus de tout mais deux parties inégales; d'où il ſuit que la volonté de l'une n'eſt point non plus générale par rapport à l'autre.

MAIS quand tout le peuple ſtatue ſur tout

le peuple il ne confidere que lui-même, &
s'il fe forme alors un rapport, c'eft de l'objet entier fous un point-de-vue à l'objet en-
tiér fous un' autre point de vue, fans aucune
divifion du tout. Alors la matiere fur laquelle on ftatue eft générale comme la volonté
qui ftatue. C'eft cet acte que j'appelle une loi.

QUAND je dis que l'objet des loix eft toujours général, j'entends que la loi confidere
les fujcts en corps & les actions comme ab-
ftraites, jamais un homme comme individu
ni une action particuliére. Ainfi la loi peut
bien ftatuer qu'il y aura des privileges, mais
elle n'en peut donner nommément à perfonne; la loi peut faire plufieurs Claffes de Citoyens, affigner même les qualités qui donne-
ront droit à ces claffes, mais elle ne peut
nommer tels & tels pour y être admis; elle
peut établir un Gouvernement royal & une

fucceſſion héréditaire, mais elle ne peut élire
un roi ni nommer une famille royale ; en un
mot toute fonction qui ſe rapporte à un objet individuel n'appartient point à la puiſſance légiſlative.

SUR cette idée on voit à l'inſtant qu'il ne
faut plus demander à qui il appartient de faire des loix , puiſqu'elles ſont des actes de la
volonté générale; ni ſi le Prince eſt au deſſus des loix, puiſqu'il eſt membre de l'Etat;
ni ſi la loi peut être injuſte, puiſque nul n'eſt
injuſte envers lui-même; ni comment on eſt
libre & ſoumis aux loix, puiſqu'elles ne ſont
que des régiſtres de nos volontés.

ON VOIT encore que la loi réuniſſant l'u-
niverſalité de la volonté & celle de l'objet,
ce qu'un homme, quel qu'il puiſſe être, ordonne de ſon chef n'eſt point une loi ; ce
qu'ordonne même le Souverain ſur un objet

particulier n'eft pas non plus une loi mais un décret, ni un acte de fouveraineté mais de magiftrature.

J'APPELLE donc République tout Etat régi par des loix, fous quelque forme d'adminiftration que ce puiffe être : car alors feulement l'intérêt public gouverne, & la chofe publique eft quelque chofe. Tout Gouvernement légitime eft républicain * : j'expliquerai ci-après ce que c'eft que Gouvernement.

LES loix ne font proprement que les conditions de l'affociation civile. Le Peuple foumis aux loix en doit être l'auteur ; il n'appartient qu'à ceux qui s'affocient de regler les

❋❋❋❋❋❋❋❋❋❋❋❋❋❋❋❋❋❋❋❋❋❋❋❋❋❋

* Je n'entends pas feulement par ce mot une Ariftocratie ou une Démocratie, mais en général tout gouvernement guidé par la volonté générale, qui eft la loi. Pour être légitime il ne faut pas que le Gouvernement fe confonde avec le Souverain, mais qu'il en foit le miniftre : alors la monarchie elle-même eft république. Ceci s'éclaircira dans le livre fuivant.

conditions de la fociété: mais comment les régleront-ils? Sera-ce d'un commun accord, par une infpiration fubite? Le corps politique a-t-il un organe pour énoncer fes volontés? Qui lui donnera la prévoyance néceffaire pour en former les actes & les publier d'avance, ou comment les prononcera-t-il au moment du befoin? Comment une multitude aveugle qui fouvent ne fait ce qu'elle veut, parce qu'elle fait rarement ce qui lui eft bon, exécuteroit-elle d'elle-même une entreprise auffi grande auffi difficile qu'un fiftême de légiflation? De lui-même le peuple veut toujours le bien, mais de lui-même il ne le voit pas toujours. La volonté générale eft toujours droite, mais le jugement qui la guide n'eft pas toujours éclairé. Il faut lui faire voir les objets tels qu'ils font, quelquefois tels qu'ils doivent lui paroitre, lui montrer le bon chemin qu'elle cher-

cherche, la garantir de la féduction des vo‑
lontés particuliéres, rapprocher à fes yeux les
lieux & les tems, balancer l'attrait des avan‑
tages préfens & fenfibles, par le danger des
maux éloignés & cachés. Les particuliers vo‑
yent le bien qu'ils rejettent: le public veut le
bien qu'il ne voit pas. Tous ont également
befoin de guides: Il faut obliger les uns à
conformer leurs volontés à leur raifon; il faut
apprendre à l'autre à connoitre ce qu'il veut.
Alors des lumieres publiques réfulte l'union de
l'entendement & de la volonté dans le corps
focial, de-là l'exact concours des parties, &
enfin la plus grande force du tout. Voilà
d'où naît la néceffité d'un Légiflateur.

## CHAPITRE VII.

### Du Législateur.

Pour découvrir les meilleures regles de société qui conviennent aux Nations, il faudroit une intelligence supérieure, qui vit toutes les passions des hommes & qui n'en éprouvât aucune, qui n'eut aucun rapport avec notre nature & qui la connût à fond, dont le bonheur fût indépendant de nous & qui pourtant voulut bien s'occuper du notre ; enfin qui, dans le progrès des tems se ménageant une gloire éloignée, put travailler dans un siecle & jouir dans un autre *. Il faudroit des

---

* Un peuple ne devient célebre que quand sa législation commence à décliner. On ignore durant combien de siecles l'institution de Lycurgue fit le bonheur des Spartiates avant qu'il fut question d'eux dans le reste de la Grece.

Dieux pour donner des loix aux hommes.

Le meme raifonnement que faifoit Caligula quant au fait, Platon le faifoit quant au droit pour définir l'homme civil ou royal qu'il cherche dans fon livre du regne ; mais s'il eft vrai qu'un grand Prince eft un homme rare, que fera-ce d'un grand Légiflateur ? Le premier n'a qu'à fuivre le modele que l'autre doit propofer. Celui-ci eft le méchanicien qui invente la machine, celui-là n'eft que l'ouvrier qui la monte & la fait marcher. Dans la naiffance des fociétés, dit Montefquieu, ce font les chefs des républiques qui font l'inftitution, & c'eft enfuite l'inftitution qui forme les chefs des républiques.

Celui qui ofe entreprendre d'inftituer un peuple doit fe fentir en état de changer, pour ainfi dire, la nature humaine ; de transformer chaque individu, qui par lui-même eft un tout parfait & folitaire, en partie d'un plus grand tout dont cet individu reçoive en quelque forte fa vie & fon être; d'altérer la conftitution de l'homme pour la renforcer; de fubftituer une exiftence partielle & morale à l'exiftence phyfique & indépendante que nous avons tous reçue de la nature. Il faut, en un mot, qu'il ôte à l'homme fes forces propres pour lui en donner qui lui foient étrangeres & dont il ne puiffe faire ufage fans le fecours d'autrui. Plus ces forces naturelles font mortes & anéanties, plus les acquifes font grandes & durables, plus auffi l'inftitution eft folide & parfaite: En forte que fi chaque Citoyen n'eft rien, ne peut rien, que par tous les autres, & que la force acquife par le tout foit égale ou fupérieure à la fomme des forces naturelles de tous les individus, on peut dire que la légiflation eft au plus haut point de perfection qu'elle puiffe atteindre.

Le legislateur eſt à tous égards un homme extraordinaire dans l'Etat. S'il doit l'être par ſon génie, il ne l'eſt pas moins par ſon emploi. Ce n'eſt point magiſtrature, ce n'eſt point ſouveraineté. Cet emploi, qui conſtitue la république, n'entre point dans ſa conſtitution; C'eſt une fonction particuliere & ſupérieure qui n'a rien de commun avec l'empire humain; car ſi celui qui commande aux hommes ne doit pas commander aux loix, celui qui commande aux loix ne doit pas non plus commander aux hommes; autrement ſes loix, miniſtres de ſes paſſions, ne feroient ſouvent que perpétuer ſes injuſtices, & jamais il ne pourroit éviter que des vues particulieres n'altéraſſent la ſainteté de ſon ouvrage.

Quand Lycurgue donna des loix à ſa patrie, il commença par abdiquer la Royauté. C'étoit la coutume de la plupart des villes

grecques de confier à des étrangers l'établiffement des leurs. Les Républiques modernes
de l'Italie imiterent fouvent cet ufage ; celle
de Genève en fit autant & s'en trouva bien *.
Rome dans fon plus bel âge vit renaitre en
fon fein tous les crimes de la Tirannie, &
fe vit prête à périr, pour avoir réuni fur les
mêmes têtes l'autorité légiflative & le pouvoir
fouverain.

CEPENDANT les Décemvirs eux-mêmes ne
s'arrogerent jamais le droit de faire paffer aucune loi de leur feule autorité. *Rien de ce
que nous vous propofons*, difoient-ils au peuple,

---

* Ceux qui ne confiderent Calvin que comme théolo-
gien connoiffent mal l'étendue de fon génie. La redac-
tion de nos fages Edits, à laquelle il eut beaucoup
de part, lui fait autant d'honneur que fon inftitution.
Quelque révolution que le tems puiffe amener dans notre
culte, tant que l'amour de la patrie & de la liberté ne
fera pas éteint parmi nous, jamais la mémoire de ce
grand homme ne ceffera d'y être en bénédiction.

*ne peut paſſer en loi ſans votre conſentement.*
*Romains, ſoyez vous-mêmes les auteurs des loix*
*qui doivent faire votre bonheur.*

CELUI qui rédige les loix n'a donc ou ne
doit avoir aucun droit légiſlatif, & le peuple
même ne peut, quand il le voudroit, ſe dépouiller de ce droit incommunicable; parce
que ſelon le pacte fondamental il n'y a que
la volonté générale qui oblige les particuliers, & qu'on ne peut jamais s'aſſurer qu'une
volonté particuliere eſt conforme à la volonté générale, qu'après l'avoir ſoumiſe aux ſuf-
frages libres du peuple : j'ai déjà dit cela,
mais il n'eſt pas inutile de le répéter.

AINSI l'on trouve à la fois dans l'ouvrage de la légiſlation deux choſes qui ſemblent
incompatibles: une entrepriſe au deſſus de la
force humaine, & pour l'éxécuter, une autorité qui n'eſt rien.

AUTRE difficulté qui mérite attention. Les fages qui veulent parler au vulgaire leur langage au lieu du fien n'en fauroient être entendus. Or il y a mille fortes d'idées qu'il eft impoffible de traduire dans la langue du peuple. Les vues trop générales & les objets trop éloignés font également hors de fa portée; chaque individu ne goûtant d'autre plan de gouvernement que celui qui fe rapporte à fon intérêt particulier , apperçoit difficilement les avantages qu'il doit retirer des privations continuelles qu'impofent les bonnes loix. Pour qu'un peuple naiffant put goûter les faines maximes de la politique & fuivre les regles fondamentales de la raifon d'Etat, il faudroit que l'effet put devenir la caufe, que l'efprit focial qui doit être l'ouvrage de l'inftitution préfidât à l'inftitution même, & que les hommes fuffent avant les loix ce qu'ils doivent devenir par elles. Ainſi donc le Légiſlateur ne pouvant employer ni la force ni le raiſonne‑ ment, c'eſt une néceſſité qu'il recoure à une autorité d'un autre ordre, qui puiſſe entraîner ſans violence & perſuader ſans convaincre.

Voila ce qui forҫa de tous tems les pe‑ res des nations de recourir à l'intervention du ciel & d'honorer les Dieux de leur propre ſageſſe, afin que les peuples, ſoumis aux loix de l'Etat comme à celles de la nature, & re‑ çonnoiſſant le même pouvoir dans la formation de l'homme & dans celle de la cité, obéiſ‑ ſent avec liberté & portaſſent docilement le joug de la félicité publique.

Cette raiſon ſublime qui s'éleve au deſ‑ ſus de la portée des hommes vulgaires eſt cel‑ le dont le légiſlateur met les déciſions dans la bouche des immortels, pour entraîner par l'au‑ torité divine ceux que ne pourroit ébranler

la prudence humaine *. Mais il n'appartient
pas à tout homme de faire parler les Dieux,
ni d'en être cru quand il s'annonce pour être
leur interprête. La grande ame du Légiflateur
eft le vrai miracle qui doit prouver fa miffion.
Tout homme peut graver des tables de pierre, ou acheter un oracle, ou feindre un fecret commerce avec quelque divinité, ou dref-
fer un oifeau pour lui parler à l'oreille, ou
trouver d'autres moyens groffiers d'en impofer au peuple. Celui qui ne faura que cela
pourra même affembler par hazard une troupes d'infenfés, mais il ne fondera jamais un
empire, & fon extravagant ouvrage périra

---

* *E veramente*, dit Machiavel, *mai non fù alcuno or-*
*dinatore di leggi ftraordinarie in un popolo, che non ricorref-*
*fe a Dio, perche altrimenti non farebbero accettate; perche*
*fono molti beni conofciuti da uno prudente, i quali non han-*
*no in fe raggioni evidenti da potergli perfuadere ad altrui.*
Difcorfi fopra Tito Livio. L. I. c. XI.

bientôt avec lui. De vains preſtiges forment
un lien paſſager, il n'y a que la ſageſſe qui
le rendé durable. La loi judaïque toujours
ſubſiſtante, celle de l'enfant d'Iſmaël qui depuis dix ſiecles régit la moitié du monde, annoncent encore aujourd'hui les grands hommes qui les ont dictées ; & tandis que l'or-
gueilleuſe philoſophie ou l'aveugle eſprit de
parti ne voit en eux que d'heureux impoſ-
teurs, le vrai politique admire dans leurs in-
ſtitutions ce grand & puiſſant génie qui pré-
ſide aux établiſſemens durables.

IL NE faut pas de tout ceci conclurre avec
Warburton que la politique & la religion aient
parmi nous un objet commun, mais que dans
l'origine des nations l'une ſert d'inſtrument à
l'autre.

## CHAPITRE VIII.

### *Du peuple.*

Cᴏᴍᴍᴇ avant d'élever un grand édifice l'architecte obferve & fonde le fol, pour voir s'il en peut foutenir le poids, le fage inftituteur ne commence pas par rédiger de bonnes loix en elles-mêmes, mais il examine auparavant fi le peuple auquel il les deftine eft propre à les fupporter. C'eft pour cela que Platon refufa de donner des loix aux Arcadiens & aux Cyréniens, fachant que ces deux peuples étoient riches & ne pouvoient fouffrir l'égalité : c'eft pour cela qu'on vit en Crete de bonnes loix & de méchans hommes, parce que Minos n'avoit difcipliné qu'un peuple chargé de vices.

MILLE nations ont brillé fur la terre qui n'auroient jamais pu fouffrir de bonnes loix, & celles mêmes qui l'auroient pu n'ont eu dans toute leur durée qu'un tems fort court pour cela. Les Peuples ainfi que les hommes ne font dociles que dans leur jeuneffe, ils deviennent incorrigibles en vieilliffant; quand une fois les coutumes font établies & les préjugés enracinés, c'eft une entreprife dangereufe & vaine de vouloir les réformer; le peuple ne peut pas même fouffrir qu'on touche à fes maux pour les détruire, femblable à ces malades ftupides & fans courage qui frémiffent à l'afpect du médecin.

CE N'EST pas que, comme quelques maladies bouleverfent la tête des hommes & leur ôtent le fouvenir du paffé, il ne fe trouve quelquefois dans la durée des Etats des époques violentes où les révolutions font fur les peuples ce que certaines crifes font fur les individus, où l'horreur du paffé tient lieu d'oubli, & où l'Etat, embrafé par les guerres civiles, renait pour ainfi dire de fa cendre & reprend la vigueur de la jeuneffe en fortant des bras de la mort. Telle fut Sparte au tems de Lycurgue, telle fut Rome après les Tarquins ; & telles ont été parmi nous la Hollande & la Suiffe après l'expulfion des Tirans.

MAIS ces événemens font rares; ce font des exceptions dont la raifon fe trouve toujours dans la conftitution particuliere de l'Etat excepté. Elles ne fauroient même avoir lieu deux fois pour le même peuple, car il peut fe rendre libre tant qu'il n'eft que barbare, mais il ne le peut plus quand le reffort civil eft ufé. Alors les troubles peuvent le détruire fans que les révolutions puiffent le rétablir, & fitôt que fes fers font brifés, il

tombe épars & n'exifte plus: Il lui faut déformais un maitre & non pas un libérateur.
Peuples libres, fouvenez-vous de cette maxime: On peut acquérir la liberté; mais on ne
la recouvre jamais.

Il est pour les Nations comme pour les
hommes un tems de maturité qu'il faut attendre avant de les foumettre à des loix; mais
la maturité d'un peuple n'eft pas toujours facile à connoitre, & fi on la prévient l'ouvrage
eft manqué. Tel peuple eft difciplinable en
naiffant, tel autre ne l'eft pas au bout de dix
fiecles. Les Ruffes ne feront jamais vraiment
policés, parce qu'ils l'ont été trop tôt. Pierre avoit le génie imitatif; il n'avoit pas le
vrai génie, celui qui crée & fait tout de
rien. Quelques unes des chofes qu'il fit é-
toient bien, la plupart étoient déplacées. Il
a vu que fon peuple étoit barbare, il n'a point

vu qu'il n'étoit pas mur pour la police; il l'a voulu civilifer quand il ne faloit que l'agguerrir. Il a d'abord voulu faire des Allemands, des Anglois, quand il faloit commencer par faire des Ruffes; il a empêché fes fujets de jamais devenir ce qu'ils pourroient être, en leur perfuadant qu'ils étoient ce qu'ils ne font pas. C'eft ainfi qu'un Précepteur françois forme fon éleve pour briller un moment dans fon enfance, & puis n'être jamais rien. L'Empire de Ruffie voudra fubjuguer l'Europe & fera fubjugué lui-même. Les Tartares fes fujets ou fes voifins deviendront fes maitres & les notres: Cette révolution me paroit infaillible. Tous les Rois de l'Europe travaillent de concert à l'accélérer.

CHA-

# CHAPITRE IX.

### *Suite.*

Comme la nature a donné des termes à la ſtature d'un homme bien conformé, paſſé leſquels elle ne fait plus que des Géants ou des Nains, il y a de même, eu égard à la meilleure conſtitution d'un Etat, des bornes à l'étendue qu'il peut avoir, afin qu'il ne ſoit ni trop grand pour pouvoir être bien gouverné, ni trop petit pour pouvoir ſe maintenir par lui-même. Il y a dans tout corps politique un *maximum* de force qu'il ne ſauroit paſſer, & duquel ſouvent il s'éloigne à force de s'aggrandir. Plus le lien ſocial s'étend, plus il ſe relâche, & en général un petit Etat eſt proportionnellement plus fort qu'un grand.

G

MILLE raifons démontrent cette maxime. Premierement l'adminiftration devient plus pénible dans les grandes diftances, comme un poids devient plus lourd au bout d'un plus grand lévier. Elle devient auffi plus onéreufe à mefure que les degrés fe multiplient ; car chaque ville a d'abord la fienne que le peuple paye, chaque diftrict la fienne encore payée par le peuple, enfuite chaque province, puis les grands gouvernemens, les Satrapies, les Viceroyautés qu'il faut toujours payer plus cher à mefure qu'on monte, & toujours aux dépends du malheureux peuple ; enfin vient l'adminiftration fuprême qui écrafe tout. Tant de furcharges épuifent continuellement les fujets; loin d'être mieux gouvernés par tous ces différens ordres, ils le font moins bien que s'il n'y en avoit qu'un feul au deffus d'eux. Cependant a peine refte-t-il des reffources pour les cas extraordinaires, & quand il y faut recourir l'Etat est toujours à la veille de sa ruine.

Ce n'est pas tout ; non seulement le Gouvernement a moins de vigueur & de célérité pour faire observer les loix, empêcher les véxations, corriger les abus, prévenir les entreprises séditieuses qui peuvent se faire dans des lieux éloignés ; mais le peuple a moins d'affection pour ses chefs qu'il ne voit jamais, pour la patrie qui est à ses yeux comme le monde, & pour ses concitoyens dont la plus-part lui sont étrangers. Les mêmes loix ne peuvent convenir à tant de provinces diverses qui ont des mœurs différentes, qui vivent sous des climats opposés, & qui ne peuvent souffrir la même forme de gouvernement. Des loix différentes n'engendrent que trouble & confusion parmi des peuples qui, vivant fous les mêmes chefs & dans une communication continuelle, paffent ou fe marient les uns chez les autres &, foumis à d'autres coutumes, ne favent jamais fi leur patrimoine eft bien à eux. Les talens font enfouis, les vertus ignorées, les vices impunis, dans cette multitude d'hommes inconnus les uns aux autres, que le fiege de l'adminiftration fuprême raffemble dans un même lieu. Les Chefs accablés d'affaires ne voyent rien par eux - mêmes, des commis gouvernent l'Etat. Enfin les mefures qu'il faut prendre pour maintenir l'autorité générale, à laquelle tant d'Officiers éloignés veulent fe fouftraire ou en impofer, abforbe tous les foins publics, il n'en refte plus pour le bonheur du peuple, à peine en refte-t-il pour fa défence au befoin, & c'eft ainfi qu'un corps trop grand pour fa conftitution s'affaiffe & périt écrafé fous fon propre poids.

· D'un autre côté, l'Etat doit se donner une certaine base pour avoir de la solidité, pour résister aux secousses qu'il ne manquera pas d'éprouver & aux efforts qu'il sera contraint de faire pour se soutenir: car tous les peuples ont une espece de force centrifuge, par laquelle ils agissent continuellement les uns contre les autres & tendent à s'aggrandir aux dépens de leurs voisins, comme les tourbillons de Descartes. Ainsi les foibles risquent d'être bientôt engloutis, & nul ne peut gueres se conserver qu'en se mettant avec tous dans une espece d'équilibre, qui rende la compression par-tout à peu près égale.

On voit par-là qu'il y a des raisons de s'étendre & des raisons de se resserrer, & ce n'est pas le moindre talent du politique de trouver, entre les unes & les autres, la proportion la plus avantageuse à la conservation de

l'Etat. On peut dire en général que les premieres, n'étant qu'extérieures & rélatives, doivent être subordonnées aux autres, qui sont in-
ternes & absolues; une saine & forte constitution est la premiere chose qu'il faut recher-
cher, & l'on doit plus compter sur la vigueur
qui nait d'un bon gouvernement, que sur les
ressources que fournit un grand territoire.

AU RESTE, on a vu des Etats tellement
constitués, que la nécessité des conquêtes en-
troit dans leur constitution même, & que
pour se maintenir, ils étoient forcés de s'aggrandir sans cesse. Peut-être se félicitoient-ils
beaucoup de cette heureuse nécessité, qui leur
montroit pourtant, avec le terme de leur grandeur, l'inévitable moment de leur chute.

# C H A P I T R E  X.

*Suite.*

O<small>N</small> P E U T méſurer un corps politique de
deux manieres; ſavoir, par l'étendue du territoire, & par le nombre du peuple, & il y a,
entre l'une & l'autre de ces méſures, un rapport
convenable pour donner à l'Etat ſa véritable
grandeur: Ce ſont les hommes qui font l'Etat,
& c'eſt le terrain qui nourrit les hommes; ce
rapport eſt donc que la terre ſuffiſe à l'entretien de ſes habitans, & qu'il y ait autant
d'habitans que la terre en peut nourrir. C'eſt
dans cette proportion que ſe trouve le *maximum* de force d'un nombre donné de peuple;
car s'il y a du terrein de trop, la garde en
eſt onéreuſe, la culture inſuffiſante, le produit

fuperflu; c'eft la caufe prochaine des guerres deffenfives; s'il n'y en a pas affés, l'Etat fe trouve pour le fupplément à la difcretion de fes voifins; c'eft la caufe prochaine des guerres offenfives. Tout peuple qui n'a par fa pofition que l'alternative entre le commerce ou la guerre, eft foible en lui-même; il dépend de fes voifins, il dépend des événemens; il n'a jamais qu'une exiftence incertaine & courte. Il fubjugue & change de fituation, ou il eft fubjugué & n'eft rien. Il ne peut fe conferver libre qu'à force de petiteffe ou de grandeur.

On ne peut donner en calcul un rapport fixe entre l'étendue de terre & le nombre d'hommes qui fe fuffifent l'un à l'autre; tant à caufe des différences qui fe trouvent dans les qualités du terrein, dans fes dégrés de fertilité, dans la nature de fes productions, dans l'influence des climats, que de celles qu'on remarque dans les tempéramens des hommes qui les habitent, dont les uns confomment peu dans un pays fertile, les autres beaucoup fur un fol ingrat. Il faut encore avoir égard à la plus grande ou moindre fécondité des femmes, à ce que le pays peut avoir de plus ou moins favorable à la population, à la quantité dont le légiflateur peut efpérer d'y concourir par fes établiffemens; de forte qu'il ne doit pas fonder fon jugement fur ce qu'il voit mais fur ce qu'il prévoit, ni s'arrêter autant à l'état actuel de la population qu'à celui où elle doit naturellement parvenir. Enfin il y a mille occafions où les accidens particuliers du lieu exigent ou permettent qu'on embraffe plus de terrein qu'il ne paroit nécef-faire. Ainfi l'on s'étendra beaucoup dans un pays de montagnes, où les productions naturelles, favoir les bois les paturages, demandent moins de travail, où l'expérience apprend que les femmes font plus fécondes que dans les plaines, & où un grand fol incliné ne donne qu'une petite bafe horifontale, la feule qu'il faut compter pour la végétation. Au contraire, on peut fe refferer au bord de la mer, même dans des rochers & des fables prefque ftériles; parce que la pêche y peut fuppléer en grande partie aux productions de la ¡terre, que les hommes doivent être plus raffemblés pour répouffer les pyrates, & qu'on a d'ailleurs plus de facilité pour délivrer le pays par les colonies, des habitans dont il eft furchargé.

A ces conditions pour inftituer un peuple, il en faut ajouter une qui ne peut fuppléer à nulle autre, mais fans laquelle elles font toutes inutiles; c'eft qu'on jouiffe de l'abondance & de la paix; car le tems où s'ordonne un

Etat eſt, comme celui où ſe forme un batail-
lon, l'inſtant où le corps eſt le moins capable de réſiſtance & le plus facile à détruire.
On réſiſteroit mieux dans un déſordre abſolu
que dans un moment de fermentation, où chacun s'occupe de ſon rang & non du péril.
Qu'une guerre une famine une ſédition ſur-
vienne en ce tems de criſe, l'Etat eſt infailliblement renverſé.

CE N'EST pas qu'il n'y ait beaucoup de
gouvernemens établis durant ces orages; mais
alors ce ſont ces gouvernemens - mêmes qui
détruiſent l'Etat. Les uſurpateurs amenent ou
choiſiſſent toujours ces tems de troubles pour
faire paſſer, à la faveur de l'effroi public, des
loix deſtructives que le peuple n'adopteroit jamais de ſang-froid. Le choix du moment de
l'inſtitution eſt un des caractères les plus ſûrs
par leſquels on peut diſtinguer l'œuvre du Lé-

giſlateur d'avec celle du Tiran.

QUEL peuple eſt donc propre à la législation? Celui qui, ſe trouvant déjà lié par
quelque union d'origine d'intérêt ou de convention, n'a point encore porté le vrai joug
des loix; celui qui n'a ni coutumes ni ſuper-
ſtitions bien enracinées; celui qui ne craint
pas d'être accablé par une invaſion ſubite,
qui, ſans entrer dans les querelles de ſes voiſins, peut réſiſter ſeul à chacun d'eux, ou s'ai-
der de l'un pour repouſſer l'autre; celui dont
chaque membre peut être connu de tous, &
où l'on n'eſt point forcé de charger un homme d'un plus grand fardeau qu'un homme ne
peut porter; celui qui peut ſe paſſer des autres peuples & dont tout autre peuple peut
ſe paſſer *; Celui qui n'eſt ni riche ni pau-

---

* Si de deux peuples voiſins l'un ne pouvoit ſe paſſer
de l'autre, ce ſeroit une ſituation très dure pour le pre-

vre & peut se suffire à lui-même; enfin celui
qui réunit la confiftance d'un ancien peuple
avec la docilité d'un peuple nouveau. Ce qui
rend pénible l'ouvrage de la légiflation, eft
moins ce qu'il faut établir que ce qu'il faut
détruire; & ce qui rend le fuccès fi rare, c'eft
l'impoffibilité de trouver la fimplicité de la nature jointe aux befoins de la fociété. Toutes
ces conditions, il eft vrai, fe trouvent difficilement raffemblées. Auffi voit-on peu d'E-
tats bien conftitués.

Il est encore en Europe un pays capable

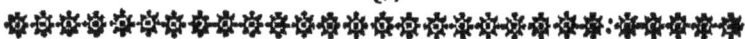

✿✾✿✾✿✾✿✾✿✾✿✾✿✾✿✾✿✾✿✾✿✾✿✾✿✾✿✾✿✾✿✾✿✾✿✾✿✾

mier & très dangereufe pour le fecond. Toute nation
fage, en pareil cas, s'efforcera bien vîte de délivrer
l'autre de cette dépendance. La République de Thlafca-
la enclavée dans l'Empire du Méxique aima mieux fe
paffer de fel, que d'en acheter des Méxicains, & même
que d'en accepter gratuitement. Les fages Thlafcalans
virent le piege caché fous cette libéralité. Ils fe con-
ferverent libres, & ce petit Etat, enfermé dans ce grand
Empire, fut enfin l'inftrument de fa ruine.

de légiſlation; c'eſt l'Iſle de Corſe. La valeur
& la conſtance avec laquelle ce brave peuple
a ſu recouvrer & défendre ſa liberté, méri-
teroit bien que quelque homme ſage lui ap-
prit à la conſerver. J'ai quelque preſſenti-
ment qu'un jour cette petite Iſle étonnera
l'Europe.

~~~~~~~~~~~~~~~~~~~~~~~~~~~~~~~~~~~~~~~~~~~~

# C H A P I T R E XI.

## *Des divers fiftêmes de Légiflation.*

Si L'on recherche en quoi confifte précifément le plus grand bien de tous, qui doit ê-
tre la fin de tout fiftême de légiflation, on
trouvera qu'il fe réduit à ces deux objets prin-
cipaux, la *liberté*, & *l'égalité*. La liberté,
parce que toute dépendance particuliere eft autant de force ôtée au corps de l'Etat ; l'égalité, parce que la liberté ne peut fubfifter fans
elle.

J'ai déjà dit ce que c'eft que la liberté civile ; à l'égard de l'égalité, il ne faut pas entendre par ce mot que les degrés de puiffance & de richeffe foient abfolument les mêmes, mais que, quant à la puiffance, elle foit

au deſſous de toute violence & ne s'exerce jamais qu'en vertu du rang & des loix, & quant à là richeſſe, que nul citoyen ne ſoit aſſez opulent pour en pouvoir acheter un autre, & nul aſſez pauvre pour être contraint de ſe vendre: Ce qui ſuppoſe du côté des grands modération de biens & de crédit, & du côté des petits, modération d'avarice & de convoitiſe.

CETTE égalité, diſent-ils, eſt une chimere de ſpéculation qui ne peut exiſter dans la pratique: Mais ſi l'abus eſt inévitable, s'enſuit-il qu'il ne faille pas au moins le regler? C'eſt

* * * * * * * * * * * * * * * * * * * * * * * * * * * *

* Voulez-vous donc donner à l'Etat de la conſiſtance? rapprochez les degrés extrêmes autant qu'il eſt poſſible: ne ſouffrez ni des gens opulens ni des gueux. Ces deux états, naturellement inſéparables, ſont également funeſtes au bien commun; de l'un ſortent les fauteurs de la tirannie & de l'autre les tirans; C'eſt toujours entre eux que ſe fait le trafic de la liberté publique; l'un l'achette & l'autre la vend.

préci-

précifément parce que la force des chofes
tend toujours à détruire l'égalité, que la force
de la légiflation doit toujours tendre à la maintenir.

MAIS ces objets généraux de toute bonne
inftitution doivent être modifiés en chaque
pays par les rapports qui naiffent, tant de la
fituation locale, que du caractere des habitans,
& c'eft fur ces rapports qu'il faut affigner à
chaque peuple un fiftême particulier d'inftitution, qui foit le meilleur, non peut-être en
lui-même, mais pour l'Etat auquel il eft def-
tiné. Par exemple le fol eft-il ingrat & fté-
rile, ou le pays trop ferré pour les habitans?
Tournez-vous du côté de l'induftrie & des
arts, dont vous échangerez les productions
contre les denrées qui vous manquent. Au
contraire, occupez-vous de riches plaines &
des côteaux fertiles? Dans un bon terrain,

manquez-vous d'habitans? Donnez tous vos
foins à l'agriculture qui multiplie les hommes,
& chaffez les arts qui ne feroient qu'achever
de dépeupler le pays, en attroupant fur quelques points du territoire le peu d'habitans
qu'il a *. Occupez-vous des rivages étendus
& comodes? Couvrez la mer de vaiffeaux,
cultivez le commerce & la navigation ; vous
aurez une exiftence brillante & courte. La
mer ne baigne-t-elle fur vos côtes que des
rochers prefque inacceffibles? Reftez barbares
& Ichtyophages; vous en vivrez plus tranquilles, meilleurs peut-être, & furement plus
heureux. En un mot, outre les maximes communes à tous, chaque Peuple renferme en lui

---

* Quelque branche de commerce extérieur, dit le M.
d'A., ne répand gueres qu'une fauffe utilité pour un
royaume en général; elle peut enrichir quelques particuliers, même quelques villes, mais la nation entiere
n'y gagne rien, & le peuple n'en eft pas mieux.

quelque caufe qui les ordonne d'une maniere particuliere & rend fa légiflation propre à lui feul. C'eft ainfi qu'autrefois les Hébreux & recemment les Arabes ont eu pour principal objet la Religion, les Athéniens les lettres, Carthage & Tyr le commerce, Rhodes la marine, Sparte la guerre, & Rome la vertu. L'Auteur de l'efprit des loix a montré dans des foules d'exemples par quel art le légiflateur dirige l'inftitution vers chacun de ces objets.

CE QUI rend la conftitution d'un Etat véritablement folide & durable, c'eft quand les convenances font tellement obfervées que les rapports naturels & les loix tombent toujours de concert fur les mêmes points, & que celles-ci ne font, pour ainfi dire, qu'affurer accompagner rectifier les autres. Mais fi le Légiflateur, fe trompant dans fon objet, prend un

principe différent de celui qui nait de la nature des chofes, que l'un tende à la fervitude
& l'autre à la liberté, l'un aux richeffes l'autre à la population, l'un à la paix l'autre aux
conquêtes, on verra les loix s'affoiblir infenfiblement, la conftitution s'altérer, & l'Etat
ne ceffera d'être agité jufqu'à ce qu'il foit
détruit ou changé, & que l'invincible nature
ait repris fon empire.

## CHAPITRE XII.

### Division des Loix.

Pour ordonner le tout, ou donner la meilleure forme possible à la chose publique, il y a diverses rélations à considérer. Premierement l'action du corps entier agissant sur lui-même, c'est-à-dire le rapport du tout au tout, ou du Souverain à l'Etat, & ce rapport est composé de celui des termes intermédiaires, comme nous le verrons ci-après.

Les loix qui reglent ce rapport portent le nom de loix politiques, & s'appellent aussi loix fondamentales, non sans quelque raison si ces loix sont sages. Car s'il n'y a dans chaque Etat qu'une bonne maniere de l'ordonner, le peuple qui l'a trouvée doit s'y tenir: mais si

H 3

l'ordre établi eſt mauvais, pourquoi prendroit-on pour fondamentales des loix qui l'empê-chent d'être bon? D'ailleurs, en tout état de cauſe, un peuple eſt toujours le maitre de changer ſes loix, mêmes les meilleures ; car s'il lui plait de ſe faire mal à lui-même, qui eſt-ce qui a droit de l'en empêcher?

La seconde rélation eſt celle des mem-bres entre-eux ou avec le corps entier, & ce rapport doit être au premier égard auſſi petit & au ſecond auſſi grand qu'il eſt poſſi-ble : en ſorte que chaque Citoyen ſoit dans une parfaite indépendance de tous les autres, & dans une exceſſive dépendance de la Cité; ce qui ſe fait toujours par les mêmes moyens; car il n'y a que la force de l'Etat qui faſſe la liberté de ſes membres. C'eſt de ce deu-xieme rapport que naiſſent les loix civiles.

On peut conſidérer une troiſieme ſorte

de rélation entre l'homme & la loi, favoir celle de la défobéïffance à la peine, & celle-ci donne lieu à l'établiffement des loix criminelles, qui dans le fond font moins une efpece particuliere de loix, que la fanction de toutes les autres.

A ces trois fortes de loix, il s'en joint une quatrieme, la plus importante de toutes; qui ne fe grave ni fur le marbre ni fur l'airain, mais dans les cœurs des citoyens; qui fait la véritable conftitution de l'Etat; qui prend tous les jours de nouvelles forces; qui, lorfque les autres loix vieilliffent ou s'éteignent, les ranime ou les fupplée, conferve un peuple dans l'efprit de fon inftitution, & fubftitue infenfiblement la force de l'habitude à celle de l'autorité. Je parle des mœurs, des coutumes, & fur-tout de l'opinion; partie inconnue à nos politiques, mais de laquelle dépend le fuccès de toutes les autres: partie dont le grand Légiflateur s'occupe en fecret, tandis qu'il paroit fe borner à des réglemens particuliers qui ne font que le ceintre de la voûte, dont les mœurs, plus lentes à naitre, forment enfin l'inébranlable Clef.

ENTRE ces diverfes Claffes, les loix politiques, qui conftituent la forme du Gouvernement, font la feule rélative à mon fujet.

*Fin du Livre Deuxieme.*

# DU
# CONTRACT SOCIAL;
## OU,
## *PRINCIPES*
## DU
## DROIT POLITIQUE.

~~~~~~~~~~~~~~~~~~~~~~~~~~~~~~~~~~

## *LIVRE III.*

~~~~~~~~~~~~~~~~~~~~~~~~~~~~~~~~~~

Aᴠᴀɴᴛ de parler des diverſes formes de Gouvernement, tâchons de fixer le ſens pré-cis de ce mot, qui n'a pas encore été forṭ bien expliqué.

# CHAPITRE I.

### *Du Gouvernement en général.*

J'AVERTIS le lecteur que ce chapitre doit être lû posément, & que je ne sais pas l'art d'être clair pour qui ne veut pas être attentif.

TOUTE action libre a deux causes qui concourent à la produire, l'une morale, savoir la volonté qui détermine l'acte, l'autre physique, savoir la puissance qui l'exécute. Quand je marche vers un objet, il faut premierement que j'y veuille aller ; en second lieu, que mes pieds m'y portent. Qu'un paralytique veuille courir, qu'un homme agile ne le veuille pas, tous deux resteront en place. Le corps politique a les mêmes mobiles ;

on y diftingue de même la force & la volonté; Celle-ci fous le nom de *puiffance légiflative*, l'autre fous le nom de *puiffance exécutive*. Rien ne s'y fait ou ne s'y doit faire
fans leur concours.

Nous avons vu que la puiffance légiflative appartient au peuple, & ne peut appartenir
qu'à lui. Il eft aifé de voir au contraire, par
les principes ci-devant établis, que la puiffance exécutive ne peut appartenir à la généralité commé Légiflatrice ou Souveraine; parce que cette puiffance ne confifte qu'en des
actes particuliers qui ne font point du reffort de la loi, ni par conféquent de celui du
Souverain, dont tous les actes ne peuvent
être que des loix.

Il faut donc à la force publique un a-
gent propre qui la réuniffe & la mette en
œuvre felon les directions de la volonté gé-

nérale, qui ferve à la communication de l'Etat & du Souverain, qui faffe en quelque forte dans la perfonne publique ce que fait dans l'homme l'union de l'ame & du corps. Voilà quelle eft dans l'Etat la raifon du Gouvernement, confondu mal à propos avec le Souverain, dont il n'eft que le miniftre.

Qu'est-ce donc que le Gouvernement? Un corps intermédiaire établi entre les fujets & le Souverain pour leur mutuelle correfpondance, chargé de l'éxécution des loix, & du maintien de la liberté, tant civile que politique.

Les membres de ce corps s'appellent Magiftrats ou *Rois*, c'eft-à-dire, *Gouverneurs*, & le corps entier porte le nom de *Prince* *.

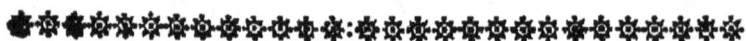

❊❊❊❊❊❊❊❊❊❊❊❊:❊❊❊❊❊❊❊❊❊❊❊❊

* C'eft ainfi qu'à Venife on donne au college le nom de *féréniſſime Prince*, même quand le Doge n'y affifte pas.

Ainſi ceux qui prétendent que l'acte par lequel un peuple ſe ſoumet à des chefs n'eſt point un contract, ont grande raiſon. Ce n'eſt abſolument qu'une commiſſion, un emploi dans lequel, ſimples officiers du Souverain, ils exercent en ſon nom le pouvoir dont il les a faits dépoſitaires, & qu'il peut limiter, modifier & reprendre quand il lui plait, l'aliénation d'un tel droit étant incompatible avec la nature du corps ſocial, & contraire au but de l'aſſociation.

J'appelle donc *Gouvernement* ou ſuprême adminiſtration l'exercice légitime de la puiſſance exécutive, & Prince ou magiſtrat l'homme ou le corps chargé de cette adminiſtration.

C'est dans le Gouvernement que ſe trouvent les forces intermédiaires, dont les rapports compoſent celui de tout au tout ou du

Souverain à l'Etat. On peut répréfenter cè dernier rapport par celui des extrêmes d'une proportion continue, dont la moyenne proportionnelle eft le Gouvernement. Le Gouvernement reçoit du Souverain les ordres qu'il donne au peuple, & pour que l'Etat foit dans un bon équilibre il faut, tout compenfé, qu'il y ait égalité entre le produit ou la puiffance du Gouvernement pris en lui-même & le produit ou la puiffance des citoyens, qui font fouverains d'un côté & fujets de l'autre.

DE PLUS, on ne fauroit altérer aucun des trois termes fans rompre à l'inftant la proportion. Si le Souverain veut gouverner, ou fi le magiftrat veut donner des loix, ou fi les fujets refufent d'obéir, le défordre fuccede à la regle, la force & la volonté n'agiffent plus de concert, & l'Etat diffout tombe ainfi dans le defpotifme ou dans l'anarchie. Enfin comme

me il n'y a qu'une moyenne proportionnelle
entre chaque rapport, il n'y a non plus qu'un
bon gouvernement poſſible dans un Etat: Mais
comme mille événemens peuvent changer les
rapports d'un peuple, non ſeulement différens
Gouvernemens peuvent être bons à divers
peuples, mais au même peuple en différens
tems.

Pour tâcher de donner une idée des divers rapports qui peuvent regner entre ces
deux extrêmes, je prendrai pour exemple le
nombre du peuple, comme un rapport plus
facile à exprimer.

Supposons que l'Etat ſoit compoſé de
dix-mille Citoyens. Le Souverain ne peut ê-
tre conſidéré que collectivement & en corps:
Mais chaque particulier en qualité de ſujet
eſt conſidéré comme individu: Ainſi le Souverain eſt au ſujet comme dix-mille eſt à un:

C'eft-à-dire que chaque membre de l'Etat n'a pour fa part que la dix-millieme partie de l'autorité fouveraine, quoi qu'il lui foit foumis tout entier. Que le peuple foit compofé de cent-mille hommes, l'état des fujets ne change pas, & chacun porte également tout l'empire des loix, tandis que fon fuffrage, réduit à un cent-millieme, a dix fois moins d'influence dans leur rédaction. Alors le fujet reftant toujours un, le rapport du Souverain augmente en raifon du nombre des Citoyens. D'où il fuit que plus l'Etat s'aggrandit, plus la liberté diminue.

QUAND je dis que le rapport augmente, j'entends qu'il s'éloigne de l'égalité. Ainfi plus le rapport eft grand dans l'acception des Géometres, moins il y a de rapport dans l'acception commune ; dans la premiere le rapport confidéré felon la quantité fe méfure

par

par l'expofant, & dans l'autre, confidéré felon l'identité, il s'eftime par la fimilitude.

OR MOINS les volontés particulieres fe rapportent à la volonté générale, c'eft-à-dire les mœurs aux loix, plus la force réprimante doit augmenter. Donc le Gouvernement, pour être bon, doit être rélativement plus fort à méfure que le peuple eft plus nombreux.

D'UN autre côté, l'aggrandiffement de l'Etat donnant aux dépofitaires de l'autorité publique plus de tentations & de moyens d'abufer de leur pouvoir, plus le Gouvernement doit avoir de force pour contenir le peuple, plus le Souverain doit en avoir à fon tour pour contenir le Gouvernement. Je ne parle pas ici d'une force abfolue, mais de la force rélative des diverfes parties de l'Etat.

IL SUIT de ce double rapport que la proportion continue entre le Souverain le Prince

I

& le peuple n'eſt point une idée arbitraire, mais une conſéquence néceſſaire de la nature du corps politique. Il ſuit encore que l'un des extrêmes, ſavoir le peuple comme ſujet, étant fixe & repréſenté par l'unité, toutes les fois que la raiſon doublée augmente ou dimi-nue, la raiſon ſimple augmente ou diminue ſemblablement, & que par conſéquent le mo-yen terme eſt changé. Ce qui fait voir qu'il n'y a pas une conſtitution de Gouvernement unique & abſolue, mais qu'il peut y avoir autant de Gouvernemens différens en nature que d'Etats différens en grandeur.

Si, TOURNANT ce ſiſtême en ridicule, on diſoit que pour trouver cette moyenne propor-tionnelle & former le corps du Gouvernement il ne faut, ſelon moi, que tirer la racine quarrée du nombre du peuple; je répondrois que je ne prends ici ce nombre que pour un exemple, que les rapports dont je parle ne se mésurent pas seulement par le nombre des hommes, mais en général par la quantité d'action, laquelle se combine par des multitudes de causes, qu'au reste si, pour m'exprimer en moins de paroles, j'emprunte un moment des termes de géométrie, je n'ignore pas, cependant, que la précision géométrique n'a point lieu dans les quantités morales.

LE GOUVERNEMENT est en petit ce que le corps politique qui le renferme est en grand. C'est une personne morale douée de certaines facultés, active comme le Souverain, passive comme l'Etat, & qu'on peut décomposer en d'autres rapports semblables, d'où naît par conséquent une nouvelle proportion, une autre encore dans celle-ci selon l'ordre des tribunaux, jusqu'à ce qu'on arrive à un moyen terme indivisible, c'est-à-dire à un feul chef ou magiftrat fuprême , qu'on peut fe repréfenter au milieu de cette progreffion, comme l'unité entre la férie des fractions & celle des nombres.

Sans nous embarraffer dans cette multiplication de termes, contentons-nous de confidérer le Gouvernement comme un nouveau corps dans l'Etat , diftinct du peuple & du Souverain, & intermédiaire entre l'un & l'autre.

Il y a cette différence effentielle entre ces deux corps, que l'Etat exifte par lui-même, & que le Gouvernement n'exifte que par le Souverain. Ainfi la volonté dominante du Prince n'eft ou ne doit être que la volonté générale ou la loi, fa force n'eft que la force publique concentrée en lui, fitôt qu'il veut tirer de lui-même quelque acte abfolu & indépendant, la liaifon du tout commence à fe relâcher. S'il arrivoit enfin que le Prince eut une volonté particuliere plus active que celle du Souverain, & qu'il usât pour obéir à cette volonté particuliere de la force publique qui est dans ses mains, en forte qu'on eut, pour ainfi dire, deux Souverains, l'un de droit & l'autre de fait; à l'inftant l'union fociale s'évanouiroit, & le corps politique feroit diffout.

CEPENDANT pour que le corps du Gouvernement ait une exiftence une vie réelle qui le diftingue du corps de l'Etat, pour que tous fes membres puiffent agir de concert & répondre à la fin pour laquelle il eft inftitué, il lui faut un *moi* particulier, une fenfibilité commune à fes membres, une force une volonté propre qui tende à fa confervation. Cette exiftence particuliere fuppofe des affemblées, des confeils, un pouvoir de délibérer de réfoudre, des droits, des titres, des privileges qui appartiennent au Prince exclufive-

ment, & qui rendent la condition du magiftrat plus honorable à proportion qu'elle eft
plus pénible. Les difficultés font dans la maniere d'ordonner dans le tout ce tout fubalter-
ne, de forte qu'il n'altere point la conftitution
générale en affermiffant 'la fienne, qu'il diftingue toujours fa force particuliere deftinée à fa
propre confervation de la force publique deftinée à la confervation de l'Etat, & qu'en un
mot il foit toujours prêt à facrifier le Gouvernement au peuple & non le peuple au
Gouvernement.

D'AILLEURS, bien que le corps artificiel
du Gouvernement foit l'ouvrage d'un autre
corps artificiel, & qu'il n'ait en quelque forte
qu'une vie empruntée & fubordonnée, cela
n'empêche pas qu'il ne puiffe agir avec plus
ou moins de vigueur ou de célérité, jouir,
pour ainfi dire d'une fanté plus ou moins

robuſte. Enfin, ſans s'éloigner directement du but de ſon inſtitution, il peut s'en écarter plus ou moins, ſelon la maniere dont il eſt conſtitué.

C'eſt de toutes ces différences que naiſſent les rapports divers que le Gouvernement doit avoir avec le corps de l'Etat, ſelon les rapports accidentels & particuliers par leſquels ce même Etat eſt modifié. Car ſouvent le Gouvernement le meilleur en ſoi deviendra le plus vicieux, ſi ſes rapports ne ſont altérés ſelon les défauts du corps politique auquel il appartient.

## CHAPITRE II.

### Du principe qui constitue les diverses formes de Gouvernement.

Pour exposer la cause générale de ces différences, il faut distinguer ici le Prince & le Gouvernement, comme j'ai distingué ci-devant l'Etat & le Souverain.

Le corps du magistrat peut être composé d'un plus grand ou moindre nombre de membres. Nous avons dit que le rapport du Souverain aux sujets étoit d'autant plus grand que le peuple étoit plus nombreux, & par une évidente analogie nous en pouvons dire autant du Gouvernement à l'égard des Magistrats.

Or la force totale du Gouvernement étant toujours celle de l'Etat, ne varie point: d'où il suit que plus il use de cette force sur ses propres membres, moins il lui en reſte pour agir ſur tout le peuple.

Donc plus les Magiſtrats ſont nombreux, plus le Gouvernement eſt foible. Comme cette maxime eſt fondamentale, appliquons-nous à la mieux éclaircir.

Nous pouvons diſtinguer dans la perſonne du magiſtrat trois volontés eſſenciellement différentes. Premierement la volonté propre de l'individu, qui ne tend qu'à ſon avantage particulier; ſecondement la volonté commune des magiſtrats, qui ſe rapporte uniquement à l'avantage du Prince, & qu'on peut appeller volonté de corps, laquelle eſt générale par rapport au Gouvernement, & particuliere par rapport à l'Etat, dont le Gouvernement fait partie; en troiſieme lieu la volonté du peuple ou la volonté ſouveraine, laquelle eſt générale, tant par rapport à l'Etat conſidéré comme le tout, que par rapport au Gouvernement confidéré comme partie du tout.

DANS une légiflation parfaite, la volonté particuliere ou individuelle doit être nulle, la volonté de corps propre au Gouvernement très fubordonnée, & par conféquent la volonté générale ou fouveraine toujours dominante & la regle unique de toutes les autres.

SELON l'ordre naturel, au contraire, ces différentes volontés deviennent plus actives à mefure qu'elles fe concentrent. Ainfi la volonté générale eft toujours la plus foible, la volonté de corps a le fecond rang, & la volonté particuliere le premier de tous: de forte que dans le Gouvernement chaque membre eft premierement foi-même, & puis Magiftrat, & puis citoyen. Gradation directement oppofée à celle qu'exige l'ordre focial.

CELA pofé: que tout le Gouvernement foit

entre les mains d'un feul homme. Voilà la volonté particuliere & la volonté de corps parfaitement réunies, & par conféquent celle - ci au plus haut dégré d'intenfité qu'elle puifle avoir. Or comme c'eft du dégré de la volonté que dépend l'ufage de la force, & que la force abfolue du Gouvernement ne varie point, il s'enfuit que le plus actif des Gouvernemens eft celui d'un feul.

AU CONTRAIRE, uniffons le Gouvernement à l'autorité légiflative; faifons le Prince du Souverain, & de tous les Citoyens autant de magiftrats: Alors la volonté de corps, confondue avec la volonté générale, n'aura pas plus d'activité qu'elle, & laiffera la volonté particuliere dans toute fa force. Ainfi le Gouvernement, toujours avec la même forcé abfolue, fera dans fon *minimum* de force rélative ou d'activité.

Ces rapports font inconteftables, & d'autres confidérations fervent encore à les confirmer. On voit, par exemple, que chaque magiftrat eft plus actif dans fon corps que chaque citoyen dans le fien, & que par conféquent la volonté particuliere a beaucoup plus d'influence dans les actes du Gouvernement que dans ceux du Souverain; car chaque magiftrat eft prefque toujours chargé de quelque fonction du Gouvernement, au lieu que chaque citoyen pris à part n'a aucune fonction de la fouveraineté. D'ailleurs, plus l'Etat s'étend, plus fa force réelle augmente, quoiqu'elle n'augmente pas en raifon de fon étendue: mais l'Etat reftant le même, les magiftrats ont beau fe multiplier, le Gouvernement n'en acquiert pas une plus grande force réelle, parce que cette force eft celle de l'Etat, dont la méfure eft toujours égale. Ainfi la force

rélative ou l'activité du Gouvernement diminue, sans que sa force absolue ou réelle puisse augmenter.

IL EST sûr encore que l'expédition des affaires devient plus lente à mésure que plus de
gens en sont chargés, qu'en donnant trop à
la prudence on ne donne pas assez à la fortune, qu'on laisse échapper l'occasion, & qu'à
force de délibérer on perd souvent le fruit de
la délibération.

JE VIENS de prouver que le Gouvernement se relâche à mésure que les magistrats
se multiplient, & j'ai prouvé ci-devant que
plus le peuple est nombreux, plus la force réprimante doit augmenter. D'où il suit que le
rapport des magistrats au Gouvernement doit
être inverse du rapport des sujets au Souverain: C'est-à-dire que, plus l'Etat s'aggrandit,
plus le Gouvernement doit se resserrer; telle-

ment que le nombre des chefs diminue en raifon de l'augmentation du peuple.

AU RESTE je ne parle ici que de la force rélative du Gouvernement, & non de fa rectitude : Car, au contraire, plus le magiftrat eft nombreux, plus la volonté de corps fe rapproche de la volonté générale ; au lieu que fous un magiftrat unique cette même volonté de corps n'eft, comme je l'ai dit, qu'une volonté particuliere. Ainfi l'on perd d'un côté ce qu'on peut gagner de l'autre, & l'art du Légiflateur eft de favoir fixer le point où la force & la volonté du Gouvernement, toujours en proportion réciproque, fe combinent dans le rapport le plus avantageux à l'Etat.

## CHAPITRE III.

### Division des Gouvernemens.

On a vu dans le chapitre précédent pourquoi l'on diftingue les diverfes efpeces ou formes de Gouvernemens par le nombre des membres qui les compofent ; il refte à voir dans celui-ci comment fe fait cette divifion.

Le Souverain peut, en premier lieu, commettre le dépôt du Gouvernement à tout le peuple ou à la plus grande partie du peuple, en forte qu'il y ait plus de citoyens magiftrats que de citoyens fimples particuliers. On donne à cette forme de Gouvernement le nom de *Démocratie.*

Ou bien il peut refferrer le Gouvernement entre les mains d'un petit nombre, en forte qu'il y ait plus de fimples Citoyens que de magiftrats, & cette forme porte le nom d'*Ariftocratie.*

ENFIN il peut concentrer tout le Gouvernement dans les mains d'un magiftrat unique dont tous les autres tiennent leur pouvoir. Cette troifieme forme eft la plus commune, & s'appelle *Monarchie* ou Gouvernement royal.

ON DOIT remarquer que toutes ces formes ou du moins les deux premieres font fufceptibles de plus ou de moins, & ont même une affez grande latitude ; car la Démocratie peut embraffer tout le peuple ou fe refferrer jufqu'à la moitié. L'Ariftocratie à fon tour peut de la moitié du peuple fe refferrer jufqu'au plus petit nombre indéterminément. La Royauté même eft fufceptible de quelque partage. Sparte eut conftamment deux Rois par fa conftitution, & l'on a vu dans l'empire

ro-

romain jufqu'à huit Empereurs à la fois, fans qu'on pût dire que l'Empire fut divifé. Ainfi il y a un point où chaque forme de Gouvernement fe confond avec la fuivante, & l'on voit, que fous trois feules dénominations, le Gouvernement eft réellement fufceptible d'autant de formes diverfes que l'Etat a de Citoyens.

Il y a plus: Ce même Gouvernement pouvant à certains égards fe fubdivifer en d'autres parties, l'une adminiftrée d'une maniere & l'autre d'une autre, il peut réfulter de ces trois formes combinées une multitude de formes mixtes, dont chacune eft multipliable par toutes les formes fimples.

On a de tous tems beaucoup difputé fur la meilleure forme de Gouvernement, fans confidérer que chacune d'elles eft la meilleure en certains cas, & la pire en d'autres.

K

Sɪ ᴅᴀɴꜱ les différens Etats le nombre des magistrats suprêmes doit être en raison inverse de celui des Citoyens, il s'ensuit qu'en général le Gouvernement Démocratique convient aux petits Etats, l'Aristocratique aux médiocres, & le Monarchique aux grands. Cette règle se tire immédiatement du principe ; mais comment compter la multitude de circonstances qui peuvent fournir des exceptions ?

# CHAPITRE IV.

## *De la Démocratie.*

CELUI qui fait la loi fait mieux que personne comment elle doit être éxecutée & interprêtée. Il semble donc qu'on ne sauroit avoir une meilleure constitution que celle où le pouvoir exécutif est joint au législatif : Mais c'est cela même qui rend ce Gouvernement insuffisant à certains égards, parce que les choses qui doivent être distinguées ne le font pas, & que le Prince & le Souverain n'étant que la même personne, ne forment, pour ainsi dire, qu'un Gouvernement sans Gouvernement.

IL N'EST pas bon que celui qui fait les loix les éxecute, ni que le corps du peuple détourne son attention des vues générales, pour les donner aux objets particuliers. Rien n'eſt plus dangereux que l'influence des intéréts privés dans les affaires publiques, & l'abus des loix par le Gouvernement eſt un mal moindre que la corruption du Légiſlateur, ſuite infaillible des vues particulieres. Alors l'Etat étant altéré dans ſa ſubſtance, toute réforme devient impoſſible. Un peuple qui n'abuſeroit jamais du Gouvernement n'abuſeroit pas non plus de l'indépendance; un peuple qui gouverneroit toujours bien n'auroit pas beſoin d'être gouverné.

A PRENDRE le terme dans la rigueur de l'acception, il n'a jamais exiſté de véritable Démocratie, & il n'en exiſtera jamais. Il eſt contre l'ordre naturel que le grand nombre gouverne & que le petit ſoit gouverné. On ne peut imaginer que le peuple reſte inceſſamment aſſemblé pour vaquer aux affaires publiques, & l'on voit aiſément qu'il ne ſauroit établir pour cela des commiffions fans que la forme de l'adminiftration change.

EN EFFET, je crois pouvoir pofer en principes que quand les fonctions du Gouvernement font partagées entre plufieurs tribunaux, les moins nombreux acquierent tôt ou tard la plus grande autorité; ne fut-ce qu'à caufe de la facilité d'expédier les affaires, qui les y amene naturellement.

D'AILLEURS que de chofes difficiles à réunir ne fuppofe pas ce Gouvernement? Premierement un Etat très petit où le peuple foit facile à raffembler & où chaque citoyen puiffe aifément connoitre tous les autres: fecondement une grande fimplicité de mœurs qui prévienne la multitude d'affaires & les difcuffions épineufes: Enfuite beaucoup d'égalité dans les rangs & dans les fortunes, fans quoi l'égalité ne fauroit fubfifter longtems dans

K 3

les droits & l'autorité: Enfin peu ou point de luxe; car, ou le luxe est l'effet des richesses, ou il les rend nécessaires; il corrompt à la fois le riche & le pauvre, l'un par la possession l'autre par la convoitise; il vend la patrie à la molesse à la vanité; il ôte à l'Etat tous ses Citoyens pour les asservir les uns aux autres, & tous à l'opinion.

Voila pourquoi un Auteur célebre a donné la vertu pour principe à la République; car toutes ces conditions ne sauroient subsister sans la vertu: mais, faute d'avoir fait les distinctions nécessaires, ce beau génie a manqué souvent de justesse, quelquefois de clarté, & n'a pas vu que l'autorité Souveraine étant par tout la même, le même principe doit avoir lieu dans tout Etat bien constitué, plus ou moins, il est vrai, selon la forme du Gouvernement.

AJOUTONS qu'il n'y a pas de Gouvernement si sujet aux guerres civiles & aux agi-
tations intestines que le Démocratique ou populaire, parce qu'il n'y en a aucun qui tende
si fortement & si continuellement à changer
de forme, ni qui demande plus de vigilance
& de courage pour être maintenu dans la
sienne. C'est sur-tout dans cette constitution
que le Citoyen doit s'armer de force & de
constance, & dire chaque jour de sa vie au
fond de son cœur ce que disoit un vertueux
Palatin * dans la Diete de Pologne : *Malo
periculosam libertatem quam quietum servitium.*

S'IL y avoit un peuple de Dieux, il se gouverneroit Démocratiquement. Un Gouvernement si parfait ne convient pas à des hommes,

---

* Le Palatin de Posnanie pere du Roi de Pologne
Duc de Lorraine.

K 4

~~~~~~~~~~~~~~~~~~~~~~~~~

## CHAPITRE V.

### De l'Aristocratie.

Nous avons ici deux perſonnes morales très diſtinctes, ſavoir le Gouvernement & le Souverain, & par conſéquent deux volontés générales, l'une par rapport à tous les citoyens, l'autre ſeulement pour les membres de l'adminiſtration. Ainſi, bien que le Gouvernement puiſſe régler ſa police intérieure comme il lui plait, il ne peut jamais parler au peuple qu'au nom du Souverain, c'eſt-à-dire au nom du peuple même; ce qu'il ne faut jamais oublier.

Les premieres ſociétés ſe gouvernerent ariſtocratiquement. Les chefs des familles délibéroient entre eux des affaires publiques; Les jeunes gens cédoient fans peine à l'autorité de l'expérience. Delà les noms de *Prêtres*, d'*anciens*, de *fénat*, de *Gérontes*. Les fauvages de l'amérique feptentrionale fe gouvernent encore ainfi de nos jours, & font très bien gouvernés.

MAIS à méfure que l'inégalité d'inftitution l'emporta fur l'inégalité naturelle, la richeffe ou la puiffance * fut préférée à l'âge, & l'Ariftocratie devint élective. Enfin la puiffance tranfmife avec les biens du pere aux enfans rendant les familles patriciennes, rendit le Gouvernement héréditaire, & l'on vit des Sénateurs de vingt ans.

IL Y A donc trois fortes d'Ariftocratie; naturelle, élective, héréditaire. La premiere ne convient qu'à des peuples fimples; la troifieme eft le pire de tous les Gouvernemens.

---

* Il eft clair que le mot *Optimates* chez les anciens ne veut pas dire les meilleurs, mais, les plus puiffans.

K 5

La deuxieme est le meilleur: c'est l'Aristocratie proprement dite.

OUTRE l'avantage de la distinction des deux pouvoirs, elle a celui du choix de ses membres; car dans le Gouvernement populaire tous les Citoyens naissent magistrats, mais celui-ci les borne à un petit nombre, & ils ne le deviennent que par élection *; moyen par lequel la probité, les lumieres, l'expérience, & toutes les autres raisons de préférence & d'estime publique, sont autant de nouveaux garants qu'on sera sagement gouverné.

DE PLUS, les assemblées se font plus co-

---

* Il importe beaucoup de regler par des loix la forme de l'élection des magistrats: car en l'abandonant à la volonté du Prince on ne peut éviter de tomber dans l'Aristocratie héréditaire, comme il est arrivé aux Républiques de *Venise* & de *Berne*. Aussi la premiere est-elle depuis longtems un Etat dissout, mais la seconde se maintient par l'extrême sagesse de son Sénat; c'est une exception bien honorable & bien dangereuse.

modément, les affaires se discutent mieux, s'expédient avec plus d'ordre & de diligence, le crédit de l'Etat est mieux soutenu chez l'étranger par de vénérables sénateurs que par une multitude inconnue ou méprisée.

EN UN mot, c'est l'ordre le meilleur & le plus naturel que les plus sages gouvernent la multitude, quand on est sûr qu'ils la gouverneront pour son profit & non pour le leur; il ne faut point multiplier en vain les ressorts, ni faire avec vingt mille hommes ce que cent hommes choisis peuvent faire encore mieux. Mais il faut remarquer que l'intérêt de corps commence à moins diriger ici la force publique — sur la regle de la volonté générale, & qu'une autre pente inévitable enlève aux loix une partie de la puissance exécutive.

A L'EGARD des convenances particulieres, il ne faut ni un Etat si petit ni un peuple si

simple & fi droit que l'exécution des loix fui-
ve immédiatement de la volonté publique,
comme dans une bonne Démocratie. Il ne
faut pas non plus une fi grande nation que
les chefs épars pour la gouverner puiſſent
trancher du Souverain chacun dans ſon dépar-
tement, & commencer par ſe rendre indépendans pour devenir enfin les maitres.

Mais ſi l'Ariſtocratie exige quelques vertus de moins que le Gouvernement populaire, elle en exige auſſi d'autres qui lui ſont
propres; comme la modération dans les riches & le contentement dans les pauvres;
car il ſemble qu'une égalité rigoureuſe y ſeroit déplacée; elle ne fut pas même obſervée
à Sparte.

Au reste, ſi cette forme comporte une
certaine inégalité de fortune, c'eſt bien pour
qu'en général l'adminiſtration des affaires pu-

bliques foit confiée à ceux qui peuvent les
mieux y donner tout leur tems, mais non pas,
comme prétend Ariftote, pour que les riches
foient toujours préférés. Au contraire, il importe qu'un choix oppofé apprenne quelquefois
au peuple qu'il y a dans le mérite des hommes des raifons de préférence plus importantes que la richeffe.

# CHAPITRE VI.

### De la Monarchie.

Jusqu'ici nous avons confidéré le Prince comme une perfonne morale & collective, u- nie par la force des loix, & dépofitaire dans l'Etat de la puiffance exécutive. Nous avons maintenant à confidérer cette puiffance réunie entre les mains d'une perfonne naturelle, d'un homme réel, qui feul ait droit d'en difpofer felon les loix. C'eft ce qu'on appelle un Monarque ou un Roi.

Tout au contraire des autres adminiftra- tions, où un être collectif repréfente un indi- vidu, dans celle-ci un individu repréfente un être collectif; en forte que l'unité morale qui conftitue le Prince eft en même tems une u-

nité phyſique, dans laquelle toutes les facultés
que la loi réunit dans l'autre avec tant d'effort ſe trouvent naturellement réunies.

Ainsi la volonté du peuple, & la volonté du Prince, & la force publique de l'Etat,
& la force particuliere du Gouvernement,
tout répond au même mobile, tous les reſſorts de la machine ſont dans la même main,
tout marche au même but, il n'y a point de
mouvemens oppoſés qui s'entredétruiſent, &
l'on ne peut imaginer aucune ſorte de conſtitution dans laquelle un moindre effort pro-
duiſe une action plus conſidérable. Archime-
de aſſis tranquilement ſur le rivage & tirant
ſans peine à flot un grand Vaiſſeau, me re-
préſente un monarque habile gouvernant de
ſon cabinet ſes vaſtes Etats, & faiſant tout
mouvoir en paroiſſant immobile.

Mais s'il n'y a point de Gouvernement

qui ait plus de vigueur, il n'y en a point où la volonté particuliere ait plus d'empire & domine plus aifément les autres; tout marche au même but, il eft vrai; mais ce but n'eft point celui de la félicité publique, & la force même de l'Adminiftration tourne fans cefle au préjudice de l'Etat.

Les Rois veulent être abfolus, & de loin on leur crie que le meilleur moyen de l'être eft de fe faire aimer de leurs peuples. Cette maxime eft très belle, & même très vraye à certains égards. Malheureufement on s'en moquera toujours dans les Cours. La puiffance qui vient de l'amour des peuples eft fans doute la plus grande; mais elle eft précaire & conditionnelle, jamais les Princes ne s'en contenteront. Les meilleurs Rois veulent pouvoir être méchans s'il leur plait, fans ceffer d'être les maitres: Un fermoneur politique aura beau leur

leür dire que la force du peuple étant la
leur, leur plus grand intérêt eſt que le peuple
ſoit floriſſant, nombreux, redoutable: ils ſavent
très bien que cela n'eſt pas vrai. Leur intérêt
perſonnel eſt premierement que le Peuple ſoit
foible, miſérable, & qu'il ne puiſſe jamais leur
réſiſter. J'avoue que, ſuppoſant les ſujets toujours parfaitement ſoumis, l'intérêt du Prince ſeroit alors que le peuple fut puiſſant, afin
que cette puiſſance étant la ſienne le rendît
rédoutable à ſes voiſins; mais comme cet intérêt n'eſt que ſecondaire & ſubordonné, &
que les deux ſuppoſitions ſont incompatibles, il
eſt naturel que les Princes donnent toujours la
préférence à la maxime qui leur eſt le plus
immédiatement utile. C'eſt ce que Samuël
repréſentoit fortement aux Hébreux; c'eſt ce
que Machiavel a fait voir avec évidence.
En feignant de donnner des leçons aux Rois

L

il en a donné de grandes aux peuples. Le
Prince de Machiavel eft le livre des républi-
cains.

NOUS avons trouvé par les rapports généraux que la monarchie n'eft convenable
qu'aux grands Etats, & nous le trouvons encore en l'examinant en elle-même. Plus l'adminiftration publique eft nombreufe, plus le
rapport du Prince aux fujets diminue & s'approche de l'égalité, en forte que ce rapport
eft un ou l'égalité - même dans la Démocratie. Ce même rapport augmente à méfure
que le Gouvernement fe refferre, & il eft
dans fon *maximum* quand le Gouvernement
eft dans les mains d'un feul. Alors il fe
trouve une trop grande diftance entre le Prince & le Peuple, & l'Etat manque de liaifon.
Pour la former il faut donc des ordres intermédiaires: Il faut des Princes, des Grands,

de la nobleſſe pour les remplir. Or rien de tout cela ne convient à un petit Etat, que ruinent tous ces degrés.

Mais s'il eſt difficile qu'un grand Etat ſoit bien gouverné, il l'eſt beaucoup plus qu'il ſoit bien gouverné par un ſeul homme, & chacun ſait ce qu'il arrive quand le Roi ſe donne des ſubſtituts.

Un defaut eſſenciel & inévitable, qui mettra toujours le gouvernement monarchique au deſſous du républicain, eſt que dans celui-ci la voix publique n'éleve preſque jamais aux premieres places que des hommes éclairés & capables, qui les rempliſſent avec honneur : au lieu que ceux qui parviennent dans les monarchies ne ſont le plus ſouvent que de petits brouillons, de petits fripons, de petits intrigans, à qui les petits talens qui font dans les Cours parvenir aux grandes places, ne fervent qu'à montrer au public leur ineptie auffi-tôt qu'ils y font parvenus. Le peuple fe trompe bien moins fur ce choix que le Prince, & un homme d'un vrai mérite eft prefque auffi rare dans le miniftere, qu'un fot à la tête d'un gouvernement républicain. Auffi, quand par quelque heureux hazard un de ces hommes nés pour gouverner prend le timon des affaires dans une Monarchie prefque abimée par ces tas de jolis regiffeurs, on eft tout furpris des reffources qu'il trouve, & cela fait époque dans un pays.

Pour qu'un Etat monarchique put être bien gouverné, il faudroit que fa grandeur ou fon étendue fut méfurée aux facultés de celui qui gouverne. Il eft plus aifé de conquérir que de régir. Avec un levier fuffifant, d'un doigt on peut ébranler le monde, mais pour le foutenir il faut les épaules d'Hercule. Pour peu qu'un Etat foit grand, le Prince eft prefque toujours trop petit. Quand au contraire il arrive que l'Etat eft trop petit pour fon chef, ce qui eft très rare, il eft encore mal gouverné, parce que le chef, fuivant toujours la grandeur de fes vues, oublie les intérêts des peuples , & ne les rend pas moins malheureux par l'abus des talens qu'il a de trop, qu'un chef borné par le défaut de ceux qui lui manquent. Il faudroit, pour ainfi dire, qu'un royaume s'étendit ou fe refferrât à chaque regne felon la portée du Prince ; au lieu que les talens d'un Sénat ayant des méfures plus fixes, l'Etat peut avoir des bornes conftantes & l'adminiftration n'aller pas moins bien.

LE PLUS fenfible inconvénient du Gouvernement d'un feul eft le défaut de cette fucceffion continuelle qui forme dans les deux autres une liaifon non interrompue. Un Roi

mort, il en faut un autre; les élections laiſ-
ſent des intervalles dangereux, elles ſont ora-
geuſes, & à moins que les Citoyens ne
ſoient d'un déſintéreſſement, d'une intégrité
que ce Gouvernement ne comporte gueres,
la brigue & la corruption s'en mêlent. Il eſt
difficile que celui à qui l'Etat s'eſt vendu ne
le vende pas à ſon tour, & ne ſe dédomma-
ge pas ſur les foibles de l'argent que les puiſſans lui ont extorqué. Tôt ou tard tout devient venal ſous une pareille adminiſtration,
& la paix dont on jouit alors ſous les rois
eſt pire que le déſordre des interregnes.

Qu'a-t-on fait pour prévenir ces maux?
On a rendu les Couronnes héréditaires dans
certaines familles, & l'on a établi un ordre de
Succeſſion qui prévient toute diſpute à la mort
des Rois: C'eſt-à-dire que, ſubſtituant l'inconvénient des régences à celui des élections, on

a préféré une apparente tranquillité à une administration sage, & qu'on a mieux aimé risquer d'avoir pour chefs des enfans, des monstres, des imbécilles, que d'avoir à disputer sur le choix des bons Rois; on n'a pas considéré qu'en s'exposant ainsi aux risques de l'alternative on met presque toutes les chances contre soi. C'étoit un mot très-sensé que celui du jeune Denis, à qui son pere en lui reprochant une action honteuse disoit, t'en ai-je donné l'exemple? Ah, répondit le fils, votre pere n'étoit pas roi!

Tout concourt à priver de justice & de raison un homme élevé pour commander aux autres. On prend beaucoup de peine, à ce qu'on dit, pour enseigner aux jeunes Princes l'art de regner; il ne paroît pas que cette éducation leur profite. On feroit mieux de commencer par leur enseigner l'art d'o-

béir. Les plus grand rois qu'ait célébrés l'hiftoire n'ont point été élevés pour regner ; c'eft
une fcience qu'on ne poffede jamais moins
qu'après l'avoir trop apprife, & qu'on acquiert
mieux en obéiffant qu'en commandant. *Nam
utiliſſimus idem ac breviſſimus bonarum mala-
rumque rerum deleƈus, cogitare quid aut nolue-
ris ſub alio Principe aut volueris* *.

UNE fuite de ce défaut de cohérence eft
l'inconftance du gouvernement royal qui, fe
réglant tantôt fur un plan & tantôt fur un
autre felon le caraƈtere du Prince qui regne
ou des gens qui regnent pour lui, ne peut
avoir longtems un objet fixe ni une conduite
conféquente: variation qui rend toujours l'E-
tat flotant de maxime en maxime, de projet
en projet, & qui n'a pas lieu dans les au-

---

* Tacit: hift. L. I.

tres Gouvernemens où le Prince eft toujours
le même. Auffi voit-on qu'en général, s'il y a
plus de rufe dans une Cour, il y a plus de
fageffe dans un Sénat, & que les Républiques
vont à leurs fins par des vues plus conftantes
& mieux fuivies, au lieu que chaque révolution dans le Miniftere en produit une dans
l'Etat ; la maxime commune à tous les Miniftres, & prefque à tous les Rois, étant de
prendre en toute chofe le contrepied de leur
prédéceffeur.

DE CETTE même incohérence fe tire encore la folution d'un fophifme très familier
aux politiques royaux ; c'eft, non feulement
de comparer le Gouvernement civil au Gouvernement domeftique & le prince au pere de
famille, erreur déjà réfutée, mais encore de
donner libéralement à ce magiftrat toutes les
vertus dont il auroit befoin, & de fuppofer

toujours que le Prince eſt ce qu'il devroit être: ſuppoſition à l'aide de laquelle le Gouvernement royal eſt évidemment préférable à tout autre, parce qu'il eſt inconteſtablement le plus fort, & que pour être auſſi le meilleur il ne lui manque qu'une volonté de corps plus conforme à la volonté générale.

MAIS ſi ſelon Platon * le roi par nature eſt un perſonnage ſi rare, combien de fois la nature & la fortune concourront-elles à le couronner, & ſi l'éducation royale corrompt néceſſairement ceux qui la reçoivent, que doit-on eſpérer d'une ſuite d'hommes élevés pour regner? C'eſt donc bien vouloir s'abuſer que de confondre le Gouvernement royal avec celui d'un bon Roi. Pour voir ce qu'eſt ce Gouvernement en lui-même, il faut le conſidérer

* In Civili.

fous des Princes bornés ou méchans ; car ils arriveront tels au Trône, ou le Trône les rendra tels.

CES difficultés n'ont pas échappé à nos Auteurs, mais ils n'en font point embarraſſés. Le remede eſt, difent-ils, d'obéir fans murmure. Dieu donne les mauvais Rois dans fa colére, & il les faut fupporter comme des châtimens du Ciel. Ce difcours eſt édifiant, fans doute; mais je ne fais s'il ne conviendroit pas mieux en chaire que dans un livre de politique. Que dire d'un Medecin qui promet des miracles, & dont tout l'art eſt d'exhorter fon malade à la patience? On fait bien qu'il faut fouffrir un mauvais Gouvernement quand on l'a; la queſtion feroit d'en trouver un bon.

## CHAPITRE VII.

### *Des Gouvernemens mixtes.*

A PROPREMENT parler il n'y a point de Gouvernement fimple. Il faut qu'un Chef u-nique ait des magiftrats fubalternes ; il faut qu'un Gouvernement populaire ait un Chef. Ainfi dans le partage de la puiffance exécutive il y a toujours gradation du grand nom-bre au moindre, avec cette différence que tantôt le grand nombre dépend du petit, & tantôt le petit du grand.

QUELQUEFOIS il y a partage égal; foit quand les parties conftitutives font dans une dépendance mutuelle, comme dans le Gouvernement d'Angleterre; foit quand l'autorité de chaque partie eft indépendante mais imparfaite, comme en Pologne. Cette derniere forme eſt mauvaiſe, parce qu'il n'y a point d'unité dans le Gouvernement, & que l'Etat manque de liaiſon.

LEQUEL vaut le mieux, d'un Gouvernement ſimple ou d'un Gouvernement mixte? Queſtion fort agitée chez les politiques, & à laquelle il faut faire la même réponſe que j'ai faite ci-devant ſur toute forme de Gouvernement.

LE GOUVERNEMENT ſimple eſt le meilleur en ſoi, par cela ſeul qu'il eſt ſimple. Mais quand la Puiſſance exécutive ne dépend pas aſſez de la légiſlative, c'eſt-à-dire, quand il y a plus de rapport du Prince au Souverain que du Peuple au Prince, il faut remédier à ce défaut de proportion en diviſant le Gouvernement ; car alors toutes ſes parties n'ont pas moins d'autorité ſur les ſujets, & leur diviſion les rend toutes enſemble moins fortes contre le Souverain.

ON PREVIENT encore le même inconvénient en établissant des magistrats intermédiaires, qui, laissant le Gouvernement en son entier, servent seulement à balancer les deux Puissances & à maintenir leurs droits respectifs. Alors le Gouvernement n'est pas mixte, il est tempéré.

ON PEUT remédier par des moyens semblables à l'inconvénient opposé, & quand le Gouvernement est trop lâche, ériger des Tribunaux pour le concentrer. Cela se pratique dans toutes les Démocraties. Dans le premier cas on divise le Gouvernement pour l'affoiblir, & dans le second pour le renforcer; car les *maximum* de force & de foiblesse se trouvent également dans les Gouvernemens simples, au lieu que les formes mixtes donnent une force moyenne.

## CHAPITRE VIII.

*Que toute forme de Gouvernement n'est pas propre à tout pays.*

La liberté n'étant pas un fruit de tous les Climats n'est pas à la portée de tous les peuples. Plus on médite ce principe établi par Montesquieu, plus on en sent la vérité. Plus on le conteste, plus on donne occasion de l'établir par de nouvelles preuves.

Dans tous les Gouvernemens du monde la personne publique consomme & ne produit rien. D'où lui vient donc la substance consommée? Du travail de ses membres. C'est le superflu des particuliers qui produit le nécessaire du public. D'où il suit que l'état civil ne peut subsister qu'autant que le travail des hommes rend au delà de leurs befoins.

OR CET excédent n'eſt pas le même dans tous les pays du monde. Dans pluſieurs il eſt conſidérable, dans d'autres médiocres, dans d'autres nul, dans d'autres négatif. Ce rapport dépend de la fertilité du climat, de la forte de travail que la terre exige, de la nature de ſes productions, de la force de ſes habitans, de la plus ou moins grande conſommation qui leur eſt néceſſaire, & de pluſieurs autres rapports ſemblables deſquels il eſt compoſé.

D'AUTRE part, tous les Gouvernemens ne font pas de même nature; il y en a de plus ou moins dévorans, & les différences font fondéés ſur cet autre principe que, plus les contributions publiques s'éloignent de leur fource, & plus elles font onéreuſes. Ce n'eſt pas ſur la quantité des impoſitions qu'il faut méfurer cette charge, mais ſur le chemin qu'elles

les

les ont à faire pour retourner dans les mains dont elles font forties; quand cette circulation eft prompte & bien établie, qu'on paye peu ou beaucoup, il n'importe; le peuple eft toujours riche & les finances vont toujours bien. Au contraire, quelque peu que le Peuple donne, quand ce peu ne lui revient point, en donnant toujours bientôt il s'épuife; l'Etat n'eft jamais riche, & le peuple eft toujours gueux.

Il suit de-là que plus la diftance du peuple au Gouvernement augmente, & plus les tributs deviennent onéreux; ainfi dans la Démocratie le peuple eft le moins chargé, dans l'Ariftocratie il l'eft davantage, dans la Monarchie il porte le plus grand poids. La Monarchie ne convient donc qu'aux nations opulentes, l'Ariftocratie aux Etats médiocres en richeffe ainfi qu'en grandeur, la Démo-

M

cratie aux Etats petits & pauvres.

EN EFFET, plus on y réfléchit, plus on trouve en ceci de différence entre les Etats libres & les monarchiques; dans les premiers tout s'employe à l'utilité commune; dans les autres les forces publique & particulieres font réciproques, & l'une s'augmente par l'affoiblissement de l'autre. Enfin au lieu de gouverner les sujets pour les rendre heureux, le despotisme les rend misérables pour les gouverner.

VOILA donc dans chaque climat des caufes naturelles fur léfquelles on peut affigner la forme de Gouvernement à laquelle la force du climat l'entraîne, & dire même quelle efpece d'habitans il doit avoir. Les lieux ingrats & ftériles où le produit ne vaut pas le travail doivent refter incultes & deferts, ou feulement peuplés de Sauvages: Les lieux où le travail des hommes ne rend exactement que le nécessaire doivent être habités par des peuples barbares, toute politie y seroit impossible: les lieux où l'excès du produit sur le travail est médiocre conviennent aux peuples libres; ceux où le terroir abondant & fertile donne beaucoup de produit pour peu de travail veulent être gouvernés monarchiquement, pour consumer par le luxe du Prince l'excès du superflu des sujets; car il vaut mieux que cet excès soit absorbé par le gouvernement que dissipé par les particuliers. Il y a des exceptions, je le sais; mais ces exceptions-mêmes confirment la regle, en ce qu'elles produisent tôt ou tard des révolutions qui ramenent les choses dans l'ordre de la nature.

DISTINGONS toujours les loix générales des causes particulieres qui peuvent en modifier l'effet. Quand tout le midi seroit couvert de Républiques & tout le nord d'Etats despotiques il n'en feroit pas moins vrai que par l'effet du climat le defpotifme convient aux pays chauds, la barbarie aux pays froids, & la bonne politie aux régions intermédiaires. Je vois encore qu'en accordant le principe on pourra difputer fur l'application : on pourra dire qu'il y a des pays froids très-fertiles & des méridionaux très-ingrats. Mais cette difficulté n'en eft une que pour ceux qui n'examinent pas la chofe dans tous fes rapports. Il faut, comme je l'ai déjà dit, compter ceux des travaux, des forces, de la confommation &c.

SUPPOSONS que de deux terreins égaux l'un rapporte cinq & l'autre dix. Si les habitans du premier confomment quatre & ceux du dernier neuf, l'excès du premier produit fera $\frac{1}{5}$. & celui du fecond $\frac{1}{10}$. Le rapport de ces deux excès étant donc inverfe de celui des produits, le terrein qui ne produira que cinq donnera un fuperflu double de celui du terrein qui produira dix.

Mais il n'eft pas queftion d'un produit double, & je ne crois pas que perfonne ofe mettre en général la fertilité des pays froids en égalité même avec celle des pays chauds. Toutefois fuppofons cette égalité; laiffons, fi l'on veut, en balance l'Angleterre avec la Sicile, & la Pologne avec l'Egypte. Plus au midi nous aurons l'Affrique & les Indes, plus au nord nous n'aurons plus rien. Pour cette égalité de produit, quelle différence dans la culture? En Sicile il ne faut que grater la terre; en Angleterre que de foins pour la labourer! Or là où il faut plus de bras pour donner le même produit, le fuperflu doit être néceffairement moindre.

M 3

CONSIDEREZ, outre cela, que la même quantité d'hommes confomme beaucoup moins dans
les pays chauds. Le climat demande qu'on
y foit fobre pour fe porter bien : les Euro-
péens qui veulent y vivre comme chez eux
périffent tous de diffenterie & d'indigeftions.
*Nous fommes*, dit Chardin, *des bêtes carnacie-
res, des loups, en comparaifon des Afiatiques.
Quelques-uns attribuent la fobriété des Perfans
à ce que leur pays eft moins cultivé, & moi je
crois au contraire que leur pays abonde moins
en denrées parce qu'il en faut moins aux habitans. Si leur frugalité,* continue-t-il, *étoit un
effet de la difette du pays, il n'y auroit que les
pauvres qui mangeroient peu, au lieu que c'eft
généralement tout le monde, & en mangeroit
plus ou moins en chaque province felon la fertilité du pays, au lieu que la même fobriété fe
trouve par tout le royaume. Ils fe louent fort*

*de leur maniere de vivre, difant qu'il ne faut que regarder leur teint pour reconnoitre combien elle eft plus excellente que celle des chrétiens. En effet le teint des Perfans eft uni; ils ont la peau belle fine & polie, au lieu que le teint des Arméniens leurs fujets qui vivent à l'Européenne eft rude, couperofé, & que leurs corps font gros & pefants.*

PLUS on approche de la ligne, plus les peuples vivent de peu. Ils ne mangent prefque pas de viande; le ris, le mays, le cuzcuz, le mil, la caffave, font leurs alimens ordinaires. Il y a aux Indes des millions d'hommes dont la nourriture ne coute pas un fol par jour. Nous voyons en Europe-même des différences fenfibles pour l'appetit entre les peuples du nord & ceux du midi. Un Efpagnol vivra huit jours du diner d'un Allemand. Dans les pays où les hommes font

plus voraces le luxe fe tourne auffi vers les
chofes de confommation. En Angleterre, il
fe montre fur une table chargée de viandes;
en Italie on vous régale de fucre & de fleurs.

LE LUXE des vêtemens offre encore de
femblables différences. Dans les climats où
les changemens des faifons font prompts &
violens, on a des habits meilleurs & plus fimples, dans ceux où l'on ne s'habille que pour
la parure on y cherche plus d'éclat que d'u-
tilité, les habits eux-mêmes y font un luxe.
A Naples vous verrez tous les jours fe pro-
mener au Paufylippe des hommes en vefte
dorée & point de bas. C'eft la même chofe
pour les bâtimens; on donne tout à la ma-
gnificence quand on n'a rien à craindre des
injures de l'air. A Paris à Londres on veut
être logé chaudement & commodément. A
Madrid on a des falons fuperbes, mais point

de fénêtres qui ferment, & l'on couche dans des nids-à-rats.

Les alimens font beaucoup plus fubftancicls & fucculens dans les pays chauds; c'eft une troifieme différence qui ne peut manquer d'influer fur la feconde. Pourquoi mange-t-on tant de légumes en Italie? parce qu'ils y font bons, nourriffans, d'excellent goût: En France où ils ne font nourris que d'eau ils ne nourriffent point, & font prefque comptés pour rien fur les tables. Ils n'occupent pourtant pas moins de terrein & coûtent du moins autant de peine à cultiver. C'eft une expérience faite que les bleds de Barbarie, d'ailleurs inférieurs à ceux de France, rendent beaucoup plus en farine, & que ceux de France à leur tour rendent plus que les bleds du Nord. D'où l'on peut inférer qu'une gradation femblable s'obferve généralement dans la

même direction de la ligne au pole. Or n'eſt-
ce pas un deſavantage viſible d'avoir dans un
produit égal une moindre quantité d'aliment?

A TOUTES ces différentes conſidérations
j'en puis ajoûter une qui en découle & qui
les fortifie; c'eſt que les pays chauds ont moins
beſoins d'habitans que les pays froids, &
pourroient en nourrir davantage; ce qui produit un double ſuperflu toujours à l'avantage
du deſpotiſme. Plus le même nombre d'habitans occupe une grande ſurface, plus les
révoltes deviennent difficiles; parce qu'on ne
peut ſe concerter ni promptement ni ſecrete-
ment, & qu'il eſt toujours facile au Gouvernement d'éventer les projets & de couper les
communications; mais plus un peuple nombreux ſe rapproche, moins le Gouvernement
peut uſurper ſur le Souverain; les chefs déli-
berent auſſi ſurement dans leurs chambres que

le Prince dans son conseil, & la foule s'assemble aussi-tôt dans les places que les troupes dans leurs quartiers. L'avantage d'un Gouvernement tirannique est donc en ceci d'agir à grandes distances. A l'aide des points d'appui qu'il se donne sa force augmente au loin comme celle des léviers *. Celle du peuple au contraire n'agit que concentrée, elle s'évapore & se perd en s'étendant, comme l'effet de la poudre éparse à terre & qui ne prend feu que grain à grain. Les pays les moins peuplés sont ainsi les plus propres à la Tirannie : les bêtes féroces ne regnent que dans les déserts.

---

* Ceci ne contredit pas ce que j'ai dit ci-devant L. II. Chap. IX. Sur les inconvéniens des grands Etats : car il s'agissoit-là de l'autorité du Gouvernement sur ses membres, & il s'agit ici de sa force contre les sujets. Ses membres épars lui servent de points d'appui pour agir au loin sur le peuple, mais il n'a nul point d'appui pour agir directement sur ces membres-mêmes. Ainsi dans l'un des cas la longueur du lévier en fait la foiblesse, & la force dans l'autre cas.

## CHAPITRE IX.

### *Des signes d'un bon Gouvernement.*

Quand donc on demande absolument quel est le meilleur Gouvernement, on fait une question insoluble comme indéterminée; ou si l'on veut, elle a autant de bonnes solutions qu'il y a de combinaisons possibles dans les positions absolues & rélatives des peuples.

Mais si l'on demandoit à quel signe on peut connoître qu'un peuple donné est bien ou mal gouverné, ce seroit autre chose, & la question de fait pourroit se résoudre.

Cependant on ne la résout point, parce que chacun veut la résoudre à sa maniere. Les sujets vantent la tranquillité publique, les Citoyens la liberté des particuliers; l'un pré-

fere la fureté des poffeffions, & l'autre celle
des perfonnes; l'un veut que le meilleur Gouvernement foit le plus févère, l'autre foutient
que c'eft le plus doux; celui-ci veut qu'on
puniffe les crimes, & celui-là qu'on les prévienne; l'un trouve beau qu'on foit craint des
voifins, l'autre aime mieux qu'on en foit ignoré; l'un eft content quand l'argent circule,
l'autre exige que le peuple ait du pain. Quand-
même on conviendroit fur ces points & d'autres femblables, en feroit-on plus avancé?
Les quantités morales manquant de mefure
précife, fut-on d'accord fur le figne, comment l'être fur l'eftimation?

Pour moi, je m'étonne toujours qu'on
méconnoiffe un figne auffi fimple, ou qu'on
ait la mauvaife foi de n'en pas convenir.
Quelle eft la fin de l'affociation politique? C'eft
la confervation & la profpérité de fes mem-

bres. Et quel eſt le ſigne le plus ſûr qu'ils ſe conſervent & proſpérent? C'eſt leur nombre & leur population. N'allez donc pas chercher ailleurs ce ſigne ſi diſputé. Toute choſe d'ailleurs égale, le Gouvernement ſous lequel, ſans moyens étrangers ſans naturaliſations ſans colonies les Citoyens peuplent & multiplient davantage, eſt infailliblement le meilleur: ce-lui ſous lequel un peuple diminue & dépérit eſt le pire. Calculateurs, c'eſt maintenant vo-tre affaire; comptez, meſurez, comparez *.

---

* On doit juger ſur le même principe des ſiécles qui méritent la preférence pour la proſpérité du genre hu-main. On a trop admiré ceux où l'on a vu fleurir les lettres & les arts, ſans pénétrer l'objet ſecret de leur cul-ture, ſans en conſidérer le funeſte effet, *idque apud im-peritos humanitas vocabatur, cum pars ſervitutis eſſet.* Ne verrons-nous jamais dans les maximes des livres l'intérêt groſſier qui fait parler les Auteurs? Non, quoiqu'ils en puiſſent dire, quand malgré ſon éclat un pays ſe dépeu-ple, il n'eſt pas vrai que tout aille bien, & il ne ſuffit

pas qu'un poëte ait cent mille livres de rente pour que
son siecle soit le meilleur de tous. Il faut moins regarder au repos apparent, & à la tranquillité des chefs,
qu'au bien être des nations entiéres & sur-tout des états
les plus nombreux. La grêle désole quelques cantons,
mais elle fait rarement disette. Les émeutes, les guerres civiles effarouchent beaucoup les chefs, mais elles
ne font pas les vrais malheurs des peuples, qui peuvent même avoir du rélâche tandis qu'on dispute à qui les
tirannisera. C'est de leur état permanent que naissent
leurs prospérités ou leurs calamités réelles; quand tout
reste écrasé sous le joug, c'est alors que tout dépérit;
c'est alors que les chefs les détruisant à leur aise, *ubi so-
litudinem faciunt, pacem appellant.* Quand les tracasseries des
Grands agitoient le royaume de France, & que le Coad-
juteur de Paris portoit au Parlement un poignard dans sa
poche, cela n'empêchoit pas que le peuple François ne
vécut heureux & nombreux dans une honnête & libre
aisance. Autrefois la Grece fleurissoit au sein des plus
cruelles guerres; le sang y couloit à flots, & tout le pays
étoit couvert d'hommes. Il sembloit, dit Machiavel,
qu'au milieu des meurtres, des proscriptions, des guerres
civiles, notre République en devint plus puissante; la
vertu de ses citoyens, leurs mœurs, leur indépendance
avoient plus d'effet pour la renforcer, que toutes ses dissentions n'en avoient pour l'affoiblir. Un peu d'agita-
tion donne du ressort aux ames, & ce qui fait vraiment
prospérer l'espéce est moins la paix que la liberté.

## CHAPITRE X.

### De l'abus du Gouvernement, & de sa pente à dégénérer.

COMME la volonté particuliere agit sans cesse contre la volonté générale, ainsi le Gouvernement fait un effort continuel contre la Souveraineté. Plus cet effort augmente, plus la constitution s'altere, & comme il n'y a point ici d'autre volonté de corps qui résistant à celle du Prince fasse équilibre avec elle, il doit arriver tôt ou tard que le Prince opprime enfin le Souverain & rompe le traité Social. C'est-là le vice inhérent & inévitable qui dès la naissance du corps politique tend sans relâche à le détruire, de même que la vieillesse & la mort détruisent enfin le corps de l'homme.

IL

IL Y A deux voyes générales par lesquelles un Gouvernement dégénere; savoir, quand il se resserre, ou quand l'Etat se dissout.

LE GOUVERNEMENT se resserre quand il passe du grand nombre au petit, c'est-à-dire -de la Démocratie à l'Aristocratie, & de l'Aristocratie à la Royauté. C'est-là son inclinaison naturelle *. S'il rétrogradoit du petit nombre

---

* La formation lente & le progrès de la République de Venise dans ses lagunes offre un exemple notable de cette succession; & il est bien étonnant que depuis plus de douze cens ans les Vénitiens semblent n'en être encore qu'au second terme, lequel commença au *Serrar di Consiglio* en 1198. Quant aux anciens Ducs qu'on leur reproche, quoi qu'en puisse dire le *squittnio della libertà veneta*, il est prouvé qu'ils n'ont point été leurs Souverains.

On ne manquera pas de m'objecter la République Romaine qui suivit, dira-t-on, un progrès tout contraire, passant de la monarchie à l'Aristocratie, & de l'Aristocratie à la Démocratie. Je suis bien éloigné d'en penser ainsi.

Le premier établissement de Romulus fut un Gouvernement mixte qui dégénéra promptement en Despotisme.

N

au grand, on pourroit dire qu'il se relâche, mais ce progrès inverse est impossible.

EN EFFET, jamais le Gouvernement ne change de forme que quand son ressort usé le laisse trop affoibli pour pouvoir conserver la sienne. Or s'il se relâchoit encore en s'é-

---

Par des causes particulieres l'Etat périt avant le tems, comme on voit mourir un nouveau-né avant d'avoir atteint l'âge d'homme. L'expulsion des Tarquins fut la véritable époque de la naissance de la République. Mais elle ne prit pas d'abord une forme constante, parce qu'on ne fit que la moitié de l'ouvrage en n'abolissant pas le patriciat. Car de cette maniere l'Aristocratie héréditaire, qui est la pire des administrations légitimes, restant en conflit avec la Démocratie, la forme du Gouvernement toujours incertaine & flotante ne fut fixée, comme l'a prouvé Machiavel, qu'à l'établissement des Tribuns; alors seulement il y eut un vrai Gouvernement & une véritable Démocratie. En effet le peuple alors n'étoit pas seulement Souverain mais aussi magistrat & juge, le Sénat n'étoit qu'un tribunal en sous-ordre pour tempérer ou concentrer le Gouvernement, & les Consuls eux-mêmes, bien que Patriciens, bien que premiers Magistrats, bien que Généraux absolus à la guerre, n'étoient à Rome que les présidens du peuple.

tendant, fa force deviendroit tout-à-fait nulle, & il fubfifteroit encore moins. Il faut
donc remonter & ferrer le reffort à méfure
qu'il cede, autrement l'Etat qu'il foutient tom-
beroit en ruine.

Le cas de la diffolution de l'Etat peut
arriver de deux manieres.

---

Dès lors on vit auffi le Gouvernement prendre fa pente naturelle & tendre fortement à l'Ariftocratie. Le Patriciat s'aboliffant comme de lui-même, l'Ariftocratie n'é-
toit plus dans le corps des Patriciens comme elle eft à
Venife & à Genes, mais dans le corps du Sénat compofé de Patriciers & de Plebeyens, même dans le corps
des Tribuns quand ils commencerent d'ufurper une puiffance active: car les mots ne font rien aux chofes, &
quand le peuple a des chefs qui gouvernent pour lui,
quelque nom que portent ces chefs, c'eft toujours une
Ariftocratie.

De l'abus de l'Ariftocratie nacquirent les guerres
civiles & le Triumvirat. Sylla, Jules-Cefar, Augufte
devinrent dans le fait de véritables Monarques, & enfin
fous le Defpotifme de Tibere l'Etat fut diffout. L'hiftoire Romaine ne dément donc pas mon principe; elle le
confirme.

PREMIEREMENT quand le Prince n'administre plus l'Etat selon les loix & qu'il usurpe le pouvoir souverain. Alors il se fait un changement remarquable; c'est que, non pas le Gouvernement, mais l'Etat se resserre; je veux dire que le grand Etat se dissout & qu'il s'en forme un autre dans celui-là, composé seulement des membres du Gouvernement, & qui n'est plus rien au reste du Peuple que son maitre & son tiran. De sorte qu'à l'instant que le Gouvernement usurpe la souveraineté, le pacte social est rompu, & tous les simples Citoyens, rentrés de droit dans leur liberté naturelle, sont forcés mais non pas obligés d'obéir.

LE MEME cas arrive aussi quand les membres du Gouvernement usurpent séparément le pouvoir qu'ils ne doivent exercer qu'en corps; ce qui n'est pas une moindre infraction des loix, & produit encore un plus grand défordre. Alors on a, pour ainſi dire, autant de Princes que de Magiſtrats, & l'Etat, non moins diviſé que le Gouvernement, périt ou change de forme.

QUAND l'Etat ſe diſſout, l'abus du Gouvernement quel qu'il ſoit prend le nom commun d'*anarchie*. En diſtingant, la Démocratie dégénere en *Ochlocratie*, l'Ariſtocratie en *Olygarchie*; j'ajoûterois que la Royauté dégénere en *Tyrannie*, mais ce dernier mot eſt équivoque & demande explication.

DANS le ſens vulgaire un Tyran eſt un Roi qui gouverne avec violence & ſans égard à la juſtice & aux loix. Dans le ſens précis un Tyran eſt un particulier qui s'arroge l'autorité royale ſans y avoir droit. C'eſt ainſi que les Grecs entendoient ce mot de Tyran : Ils le donnoient indifféremment aux bons & aux mauvais Princes dont l'autorité n'étoit pas légitime *. Ainſi *Tyran* & *uſurpateur* ſont deux mots parfaitement ſynonimes.

POUR donner différens noms à différentes choſes, j'appelle *Tyran* l'uſurpateur de l'autorité royale, & *Deſpote* l'uſurpateur du pouvoir Souverain. Le Tyran eſt celui qui s'ingere contre les loix à gouverner ſelon les loix ; le Deſpote eſt celui qui ſe met au deſſus des loix-mêmes. Ainſi le Tyran peut n'être pas Deſpote, mais le Deſpote eſt toujours Tyran.

---

* *Omnes enim & habentur & dicuntur Tyranni qui poteſtate utuntur perpetuâ, in eâ Civitate quæ libertate uſa eſt.* Corn. Nep. in Miltiad : Il eſt vrai qu'Ariſtote *Mor : Nicom. L. VIII. c.* 10 diſtingue le Tyran du Roi, en ce que le premier gouverne pour ſa propre utilité & le ſecond ſeulement pour l'utilité de ſes ſujets ; mais outre que généralement tous les auteurs grecs ont pris le mot Tyran dans un autre ſens, comme il paroit ſur-tout par le Hieron de Xenophon, il s'en ſuivroit de la diſtinction d'Ariſtote que depuis le commencement du monde il n'auroit pas encore exiſté un ſeul Roi.

~~~~~~~~~~~~~~~~~~~~~~~~~~~~~~~~~~~~~~~

## CHAPITRE XI.

*De la mort du corps politique.*

TELLE eſt la pente naturelle & inévitable des Gouvernemens les mieux conſtitués. Si Sparte & Rome ont péri, quel Etat peut eſpérer de durer toujours? Si nous voulons former un établiſſement durable, ne ſongeons donc point à le rendre éternel. Pour réuſſir il ne faut pas tenter l'impoſſible, ni ſe flater de donner à l'ouvrage des hommes une ſolidité que les choſes humaines ne comportent pas.

LE CORPS politique, auſſi bien que le corps de l'homme, commence à mourir dès ſa naiſſance & porte en lui-même les cauſes de ſa déſtruction. Mais l'un & l'autre peut avoir une conſtitution plus ou moins robuſte & propre à le conſerver plus ou moins long-

tems. La conſtitution de l'homme eſt l'ouvrage de la nature, celle de l'Etat eſt l'ouvrage de l'art. Il ne dépend pas des hommes
de prolonger leur vie, il depend d'eux de prolonger celle de l'Etat auſſi loin qu'il eſt poſſible, en lui donnant la meilleure conſtitution
qu'il puiſſe avoir. Le mieux conſtitué finira,
mais plus tard qu'un autre, ſi nul accident
imprévu n'amene ſa perte avant le tems.

LE PRINCIPE de la vie politique eſt dans
l'autorité Souveraine. La puiſſance légiſlative eſt le cœur de l'Etat, la puiſſance exécutive en eſt le cerveau, qui donne le mouvement à toutes les parties. Le cerveau peut
tomber en paralyſie & l'individu vivre encore. Un homme reſte imbécille & vit : mais
ſitôt que le cœur a ceſſé ſes fonctions, l'a-
nimal eſt mort.

CE N'EST point par les loix que l'Etat
ſubſiſte, c'eſt par le pouvoir légiſlatif. La

loi d'hier n'oblige pas aujourd'hui, mais le consentement tacite est présumé du silence, & le Souverain est censé confirmer incessamment les loix qu'il n'abroge pas, pouvant le faire. Tout ce qu'il a déclaré vouloir une fois il le veut toujours, à moins qu'il ne le révoque.

Pourquoi donc porte-t-on tant de respect aux anciennes loix? C'est pour cela même. On doit croire qu'il n'y a que l'excellence des volontés antiques qui les ait pu conserver si longtems; si le Souverain ne les eut reconnu constamment salutaires il les eut mille fois révoquées. Voilà pourquoi loin de s'affoiblir les loix acquierent sans cesse une force nouvelle dans tout Etat bien constitué; le préjugé de l'antiquité les rend chaque jour plus vénérables; au lieu que par-tout où les loix s'affoiblissent en vieillissant, cela prouve qu'il n'y a plus de pouvoir législatif, & que l'Etat ne vit plus.

N 5

❦❦❦❦❦❦❦❦❦❦❦❦❦❦❦❦❦

# CHAPITRE XII.

*Comment se maintient l'autorité Souveraine.*

L E  S O U V E R A I N  n'ayant d'autre force que la puissance législative n'agit que par des loix, & les loix n'étant que des actes authentiques de la volonté générale, le Souverain ne sauroit agir que quand le peuple est assemblé. Le peuple assemblé, dira-t-on! Quelle chimere! C'est une chimere aujourd'hui, mais ce n'en étoit pas une il y a deux mille ans: Les hommes ont-ils changé de nature?

L E S borñes du possible dans les choses morales sont moins étroites que nous ne pensons: Ce sont nos foiblesses, nos vices, nos préjugés qui les rétrécissent. Les ames basses ne croyent point aux grands hommes:

de vils efclaves fourient d'un air moqueur à ce mot de liberté.

PAR ce qui s'eft fait confidérons ce qui fe peut faire; je ne parlerai pas des anciennes républiques de la Grece, mais la République romaine étoit, ce me femble, un grand Etat, & la ville de Rome une grande ville. Le dernier Cens donna dans Rome quatre cent mille Citoyens portans armes, & le dernier dénombrement de l'Empire plus de quatre millions de Citoyens fans compter les fujets, les étrangers, les femmes, les enfans, les efclaves. .

QUELLE difficulté n'imagineroit-on pas d'affembler fréquemment le peuple immenfe de cette capitale & de fes environs? Cependant il fe paffoit peu de femaines que le peuple romain ne fut affemblé, & même plufieurs fois. Non feulement il exerceoit les droit de la souveraineté, mais une partie de ceux du Gouvernement. Il traittoit certaines affaires, il jugeoit certaines causes, & tout ce peuple étoit sur la place publique presque aussi souvent magistrat que Citoyen.

EN REMONTANT aux premiers tems des Nations on trouveroit que la plupart des anciens gouvernemens, même monarchiques tels que ceux des Macédoniens & des Francs, avoient de semblables Conseils. Quoi qu'il en soit, ce seul fait incontestable répond à toutes les difficultés: De l'existant au possible la conséquence me paroit bonne.

## CHAPITRE XIII.

### *Suite.*

Il ne fuffit pas que le peuple affemblé ait une fois fixé la conftitution de l'Etat en donnant la fanction à un corps de loix: il ne fuffit pas qu'il ait établi un Gouvernement perpétuel ou qu'il ait pourvu une fois pour toutes à l'élection des magiftrats. Outre les affemblées extraordinaires que des cas imprévus peuvent exiger, il faut qu'il y en ait de fixes & de périodiques que rien ne puiffe abolir ni proroger, tellement qu'au jour marqué le peuple foit légitimement convoqué par la loi, fans qu'il foit befoin pour cela d'aucune autre convocation formelle.

Mais hors de ces affemblées juridiques

par leur feule date, toute affemblée du Peuple qui n'aura pas été convoquée par les magiftrats prépofés à cet effet & felon les formes prefcrites doit être tenue pour illégitime & tout ce qui s'y fait pour nul; parce que l'ordre même de s'affembler doit émaner de la loi.

QUANT aux retours plus ou moins fréquens des affemblées légitimes, ils dépendent de tant de confidérations qu'on ne fauroit donner là - deffus de regles précifes. Seulement on peut dire en général que plus le Gouvernement a de force, plus le Souverain doit fe montrer fréquemment.

CECI me dira-t-on, peut être bon pour une feule ville; mais que faire quand l'Etat en comprend plufieurs? Partagera - t - on l'autorité Souveraine, ou bien doit-on la concentrer dans une feule ville & affujetir tout le refte?

JE REPONDS qu'on ne doit faire ni l'un
ni l'autre. Premierement l'autorité souveraine
est simple & une, & l'on ne peut la diviser
sans la détruire. En second lieu, une ville
non plus qu'une Nation ne peut être légitimement sujette d'une autre, parce que l'effence du corps politique est dans l'accord de
l'obéissance & de la liberté, & que ces mots
de *sujet* & de *souverain* sont des corrélations
identiques dont l'idée se réunit sous le seul
mot de Citoyen.

JE REPONDS encore que c'est toujours
un mal d'unir plusieurs villes en une seule cité, & que, voulant faire cette union, l'on
ne doit pas se flater d'en éviter les inconvéniens naturels. Il ne faut point objecter l'a-
bus des grands Etats à celui qui n'en veut
que de petits: mais comment donner aux petits Etats assez de force pour résister aux

grands ? Comme jadis les villes grecques ré-
fifterent au grand Roi, & comme plus ré-
cemment la Hollande & la Suiffe ont refifté
à la maifon d'Autriche.

T·outefois fi l'on ne peut réduire l'Etat
à de juftes bornes, il refte encore une ref-
fource; c'eft de n'y point fouffrir de capitale, de faire fiéger le Gouvernement alternati-
vement dans chaque ville, & d'y raffembler
auffi tour-à-tour les Etats du pays.

Peuplez également le territoire, étendez-y
par tout les mêmes droits, portez-y par-tout
l'abondance & la vie, c'eft ainfi que l'Etat deviendra tout à la fois le plus fort & le mieux
gouverné qu'il foit poffible. Souvenez-vous que
les murs des villes ne fe forment que du dé-
bris des maifons des champs. A chaque Pa-
lais que je vois élever dans la capitale, je
crois voir mettre en mazures tout un pays.

C H A-

## CHAPITRE XIV.

### Suite.

A L'INSTANT que le Peuple eſt légitimement aſſemblé en corps Souverain, toute juriſdiction du Gouvernement ceſſe, la puiſſance éxécutive eſt ſuſpendue, & la perſonne
du dernier Citoyen eſt auſſi ſacrée & inviolable que celle du premier Magiſtrat, parce
qu'où ſe trouve le Répréſenté, il n'y a plus
de Répréſentant. La plupart des tumultes qui
s'éleverent à Rome dans les comices vinrent
d'avoir ignoré ou négligé cette regle. Les
Conſuls alors n'étoient que les Préſidens du
Peuple, les Tribuns de ſimples Orateurs *,
le Sénat n'étoit rien du tout.

---

* A-peu-près ſelon le ſens qu'on donne à ce nom dans
le Parlement d'Angleterre. La reſſemblance de ces emplois eut mis en conflit les Conſuls & les Tribuns,
quand même toute juriſdiction eut été ſuſpendue.

O

CES intervalles de fufpenfion où le Prince reconnoit ou doit reconnoitre un fupérieur actuel, lui ont toujours été redoutables, & ces affemblées du peuple, qui font l'égide du corps politique & le frein du Gouvernement, ont été de tous tems l'horreur des chefs: auffi n'épargnent-ils jamais ni foins, ni objections, ni difficultés, ni promeffes, pour en rebuter les Citoyens. Quand ceux-ci font avares, lâches, puffillanimes, plus amoureux du repos que de la liberté, ils ne tiennent pas long-tems contre les efforts redoublés du Gouvernement ; c'eft ainfi que la force réfiftante augmentant fans ceffe, l'autorité Souveraine s'évanouit à la fin, & que la plupart des cités tombent & périffent avant le tems.

MAIS entre l'autorité Souveraine & le Gouvernement arbitraire, il s'introduit quelquefois un pouvoir moyen dont il faut parler.

## CHAPITRE XV.

### Des Députés ou Réprésentans.

Sɪᴛôᴛ que le service public cesse d'être la principale affaire des Citoyens, & qu'ils aiment mieux servir de leur bourse que de leur personne, l'Etat est déjà près de sa ruine. Faut-il marcher au combat? ils payent des troupes & restent chez eux; faut-il aller au Conseil? ils nomment des Députés & restent chez eux. · A force de paresse & d'argent ils ont enfin des soldats pour asservir la patrie & des réprésentans pour la vendre.

Cᴇsᴛ le tracas du commerce & des arts, c'est l'avide intérêt du gain, c'est la molesse & l'amour des comodités; qui changent les services personnels en argent. On cede une partie de fon profit pour l'augmenter à fon aife. Donnez de l'argent, & bientôt vous aurez des fers. Ce mot de *finance* eft un mot d'efclave; il eft inconnu dans la Cité. Dans un Etat vraiment libre les citoyens font tout avec leurs bras & rien avec de l'argent: Loin de payer pour s'exempter de leurs devoirs, ils payeroient pour les remplir eux-mêmes. Je fuis bien loin des idées communes; je crois les corvées moins contraires à la liberté que les taxes.

MIEUX l'Etat eft conftitué, plus les affaires publiques l'emportent fur les privées dans l'efprit des Citoyens. Il y a même beaucoup moins d'affaires privées, parce que la fomme du bonheur commun fourniffant une portion plus confidérable à celui de chaque individu, il lui en refte moins à chercher dans les foins particuliers. Dans une cité bien conduite chacun vole aux assemblées ; sous un mauvais Gouvernement nul n'aime à faire un pas pour s'y rendre ; parce que nul ne prend intérêt à ce qui s'y fait, qu'on prévoit que la volonté générale n'y dominera pas, & qu'enfin les soins domestiques absorbent tout. Les bonnes loix en font faire de meilleures, les mauvaises en amenent de pires. Sitôt que quelqu'un dit des affaires de l'Etat, *que m'importe?* on doit compter que l'Etat est perdu.

L'ATTIEDISSEMENT de l'amour de la patrie, l'activité de l'intérêt privé, l'immensité des Etats, les conquêtes, l'abus du Gouvernement ont fait imaginer la voye des Députés ou Réprésentans du peuple dans les assemblées de la Nation. C'est ce qu'en certains pays on ose appeller le Tiers-Etat. Ainsi l'intérêt particulier de deux ordres est mis au premier & au second rang, l'intérêt public n'est qu'au troisieme.

LA SOUVERAINETÉ ne peut être ré-
préfentée, par la même raifon qu'elle ne peut
être aliénée; elle confifte effenciellement dans
la volonté générale, & la volonté ne fe ré-
préfente point: elle eft la même, ou elle eft
autre; il n'y a point de milieu. Les députés
du peuple ne font donc ni ne peuvent être
fes répréfentans, ils ne font que fes commif-
faires; ils ne peuvent rien conclurre définiti-
vement. Toute loi que le Peuple en perfonne n'a pas ratifiée eft nulle; ce n'eft point
une loi. Le peuple Anglois penfe être libre;
il fe trompe fort, il ne l'eft que durant l'é-
lection des membres du Parlement; fitôt qu'ils
font élus, il eft efclave, il n'eft rien. Dans
les courts momens de fa liberté, l'ufage qu'il
en fait mérite bien qu'il la perde.

L'IDÉE des Répréfentans eft moderne: elle nous vient du Gouvernement féodal, de

cet inique & abfurde Gouvernement dans lequel l'efpece humaine eft dégradée, & où le
nom d'homme eft en deshonneur. Dans les
anciennes Républiques & même dans les monarchies, jamais le Peuple n'eut de répréfentans; on ne connoiffoit pas ce mot-là. Il eft
très fingulier qu'à Rome où les Tribuns é-
toient fi facrés on n'ait pas même imaginé
qu'ils puffent ufurper les fonctions du peuple,
& qu'au milieu d'une fi grande multitude, ils
n'aient jamais tenté de paffer de leur chef
un feul Plebifcite. Qu'on juge cependant de
l'embarras que caufoit quelquefois la foule,
par ce qui arriva du tems des Gracques, où
une partie des Citoyens donnoit fon fuffrage
de deffus les toits.

Ou' le droit & la liberté font toutes chofes, les inconvéniens ne font rien. Chez ce
fage peuple tout étoit mis à fa jufte méfure:

il laiſſoit faire à ſes Licteurs ce que ſes Tribuns n'euſſent oſé faire; il ne craignoit pas que ſes Licteurs vouluſſent le répréſenter.

Pour expliquer cependant comment les Tribuns le répréſentoient quelquefois, il ſuffit de concevoir comment le Gouvernement répréſente le Souverain. La Loi n'étant que la déclaration de la volonté générale, il eſt clair que dans la puiſſance Légiſlative le Peuple ne peut être répréſenté ; mais il peut & doit l'être dans la puiſſance exécutive, qui n'eſt que la force appliquée à la Loi. Ceci fait voir qu'en examinant bien les choſes on trouveroit que très peu de Nations ont des loix. Quoi qu'il en ſoit, il eſt ſûr que les Tribuns, n'ayant aucune partie du pouvoir exécutif, ne purent jamais répréſenter le Peuple romain par les droits de leurs charges, mais ſeulement en uſurpant ſur ceux du Sénat.

CHEZ les Grecs tout ce que le Peuple, avoit à faire il le faifoit par lui-même; il étoit fans ceffe affemblé fur la place. Il ha-bitoit un climat doux, il n'étoit point avide, des efclaves faifoient fes travaux, fa grande affaire étoit fa liberté. N'ayant plus les mê-mes avantages, comment conferver, les mê-mes droits? Vos climats plus durs vous don-nent plus de befoins *, fix mois de l'année la place publique n'eft pas tenable, vos lan-gues fourdes ne peuvent fe faire entendre en plein air, vous donnez plus à votre gain qu'à votre liberté, & vous craignez bien moins l'efclavage que la mifere.

QUOI! la liberté ne fe maintient qu'à l'appui de la fervitude? Peut-être. Les deux

---

* Adopter dans les pays froids le luxe & la moleffe des orientaux, c'eft vouloir fe donner leurs chaines; c'eft s'y foumettre encore plus néceffairement qu'eux.

excès fe touchent. Tout ce qui n'eft point dans la nature a fes inconvéniens, & la fociété civile plus que tout le refte. Il y a telles pofitions malheureufes où l'on ne peut conferver fa liberté qu'aux dépends de celle d'autrui, & où le Citoyen ne peut être parfaitement libre que l'efclave ne foit extrêmement efclave. Telle étoit la pofition de Sparte. Pour vous, peuples modernes, vous n'avez point d'efclaves, mais vous l'êtes ; vous payez leur liberté de la votre. Vous avez beau vanter cette préférence ; j'y trouve plus de lâcheté que d'humanité.

Je n'entens point par tout cela qu'il faille avoir des efclaves ni que le droit d'efclevage foit légitime, puifque j'ai prouvé le contraire. Je dis feulement les raifons pourquoi les peuples modernes qui fe croyent libres ont des Répréfentans, & pourquoi les peuples anciens n'en avoient pas. Quoi qu'il en soit, à l'inftant qu'un Peuple fe donne des Répréfentans, il n'eft plus libre; il n'eft plus.

Tout bien examiné, je ne vois pas qu'il foit déformais poffible au Souverain de conferver parmi nous l'exercice de fes droits fi la Cité n'eft très petite. Mais fi elle eft très petite elle fera fubjuguée? Non. Je ferai voir ci-après * comment on peut réunir la puiffance extérieure d'un grand Peuple avec la police aifée & le bon ordre d'un petit Etat.

---

* C'eft ce que je m'étois propofé de faire dans la fuite de cet ouvrage, lorfqu'en traitant des rélations externes j'en ferois venu aux confédérations. Matiere toute neuve & où les principes font encore à établir.

## CHAPITRE XVI.

*Que l'inftitution du Gouvernement n'eft point un contract.*

LE POUVOIR Légiflatif une fois bien é-
tabli, il s'agit d'établir de même le pouvoir
exécutif ; car ce dernier, qui n'opere que
par des actes particuliers, n'étant pas de
l'effence de l'autre, en eft naturellement féparé. S'il étoit poffible que le Souverain,
confidéré comme tel, eut la puiffance exécutive, le droit & le fait feroient tellement
eonfondus qu'on ne fauroit plus ce qui
eft loi & ce qui ne l'eft pas, & le corps
politique ainfi dénaturé feroit bien-tôt en
proye à la violence contre laquelle il fut inftitué.

LES Citoyens étant tous égaux par le

contract social, ce que tous doivent fairé tous peuvent le preferire, au lieu que nul n'a droit d'exiger qu'un autre faffe ce qu'il ne fait pas lui-même. Or c'eft proprement ce droit, indifpenfable pour faire vivre & mouvoir le corps politique, que le Souverain donne au Prince en inftituant le Gouvernement.

PLUSIEURS ont prétendu que l'acte de cet établiffement étoit un contract entre le Peuple & les chefs qu'il fe donne ; contract par lequel on ftipuloit entre les deux parties les conditions fous lefquelles l'une s'obligeoit à commander & l'autre à obéir. On conviendra, je m'affure, que voilà une étrange maniere de contracter! Mais voyons fi cette opinion eft foutenable.

PREMIEREMENT, l'autorité fuprême ne peut pas plus fe modifier que s'aliéner, la

limiter c'eſt la détruire.  Il eſt abſurde &
contradiƈtoire que le Souverain ſe donne un
ſupérieur ; s'obliger d'obéir à un maître c'eſt
ſe remettre en pleine liberté.

De plus, il eſt évident que ce contraƈt
du peuple avec telles ou telles perſonnes ſeroit un aƈte particulier.  D'où il ſuit que ce
contraƈt ne ſauroit être une loi ni un aƈte
de ſouveraineté, & que par conſéquent il ſeroit illégitime.

On voit encore que les parties contractantes ſeroient entre elles ſous la ſeule loi de
nature & ſans aucun garant de leurs engagemens réciproques, ce qui répugne de toutes manieres à l'état civil: Celui qui a la force en main étant toujours le maître de l'e-
xécution, autant vaudroit donner le nom de
contraƈt à l'aƈte d'un homme qui diroit à un
autre; ,, je vous donne tout mon bien, à

„ condition que vous m'en rendrez ce qu'il
„ vous plaira ".

Il n'y a qu'un contract dans l'Etat, c'eft
celui de l'affociation; & celui-là feul en exclud tout autre. On ne fauroit imaginer aucun Contract public, qui ne fut une violation
du premier.

CHAPITRE XVII.

*De l'institution du Gouvernement.*

Sous quelle idée faut-il donc concevoir l'acte par lequel le Gouvernement est institué? Je remarquerai d'abord que cet acte est complexe ou composé de deux autres, savoir l'établissement de la loi, & l'exécution de la loi.

PAR le premier, le Souverain statue qu'il y aura un corps de Gouvernement établi sous telle ou telle forme; & il est clair que cet acte est une loi.

PAR le second, le Peuple nomme les chefs qui seront chargés du Gouvernement établi. Or cette nomination étant un acte particulier n'est pas une seconde loi, mais seulement une suite de la premiere & une fonction du Gouvernement.

LA DIFFICULTE' est d'entendre comment on

òn peut avoir un acte de Gouvernement a-
vant que le Gouvernement exifte, & comment le Peuple, qui n'eft que Souverain ou
fujet, peut devenir Prince ou Magiftrat dans
certaines circonftances.

C'est encore ici que fe découvre une de
ces étonnantes propriétés du corps politique,
par lefquelles il concilie des opérations contradictoires en apparence. Car celle-ci fe fait
par une converfion fubite de la Souveraineté
en Démocratie ; en forte que, fans aucun
changement fenfible, & feulement par une
nouvelle rélation de tous à tous, les Citoyens
devenus Magiftrats paffent des actes généraux aux actes particuliers, & de la loi à
l'exécution.

Ce changement de rélation n'eft point
une fubtilité de fpéculation fans exemple dans
la pratique: Il a lieu tous les jours dans le
Parlement d'Angleterre, où la Chambre-baffe

P

en certaines occafions fe tourne en grand Commité , pour mieux difcuter les affaires, & devient ainfi fimple commiffion, de Cour Souveraine qu'elle étoit l'inftant précédent; en telle forte qu'elle fe fait enfuite rapport à elle-même comme chambre des Communes de ce qu'elle vient de regler en grand-Commité, & délibere de nouveau fous un titre de ce qu'elle a déjà réfolu fous un autre.

Tel eft l'avantage propre au Gouvernement Démocratique de pouvoir être établi dans le fait par un fimple acte de la volonté générale. Après quoi, ce Gouvernement provifionnel refte en poffeffion fi telle eft la forme adoptée, ou établit au nom du Souverain le Gouvernement prefcrit par la loi, & tout fe trouve ainfi dans la regle. Il n'eft pas poffible d'inftituer le Gouvernement d'aucune autre maniere légitime, & fans renoncer aux principes ci-devant établis.

## CHAPITRE XVIII.

### Moyen de prévenir les usurpations du Gouvernement.

De ces éclaircissemens il résulte en confirmation du chapitre XVI. que l'acte qui institue le Gouvernement n'est point un contract mais une Loi, que les dépositaires de la puissance exécutive ne font point les maitres du peuple mais ses officiers, qu'il peut les établir & les destituer quand il lui plait, qu'il n'est point question pour eux de contracter mais d'obéir, & qu'en se chargeant des fonctions que l'Etat leur impose ils ne font que remplir leur devoir de Citoyens, sans avoir en aucune sorte le droit de disputer sur les conditions.

Quand donc il arrive que le Peuple in-

ſtitue un Gouvernement héréditaire, ſoit monarchique dans une famille, ſoit ariſtocratique
dans un ordre de Citoyens, ce n'eſt point un
engagement qu'il prend ; c'eſt une forme pro-
viſionnelle qu'il donne à l'adminiſtration, juſqu'à ce qu'il lui plaiſe d'en ordonner autrement.

Il est vrai que ces changemens ſont
toujours dangereux, & qu'il ne faut jamais
toucher au Gouvernement établi que lors qu'il
devient incompatible avec le bien public ;
mais cette circonſpeِaction eſt une maxime de
politique & non pas une regle de droit, &
l'Etat n'eſt pas plus tenu de laiſſer l'autorité
civile à ſes chefs, que l'autorité militaire à
ſes Généraux.

Il est vrai encore qu'on ne ſauroit en
pareil cas obſerver avec trop de ſoin toutes
les formalités requiſes pour diſtinguer un acte
régulier & légitime d'un tumulte ſéditieux,

& la volonté de tout un peuple des clameurs d'une faction. C'eft ici fur-tout qu'il ne faut donner au cas odieux que ce qu'on ne peut lui refufer dans toute la rigueur du droit, & c'eft auffi de cette obligation que le Prince tire un grand avantage pour conferver fa puiffance malgré le peuple, fans qu'on puiffe dire qu'il l'ait ufurpée: Car en paroiffant n'ufer que de fes droits il lui eft fort aifé de les étendre, & d'empêcher fous le prétexte du repos public les affemblées deftinées à rétablir le bon ordre; de forte qu'il fe prévaut d'un filence qu'il empêche de rompre, ou des irrégularités qu'il fait commettre, pour fuppofer en fa faveur l'aveu de ceux que la crainte fait taire, & pour punir ceux qui ofent parler. C'eft ainfi que les Décemvirs ayant été d'abord élus pour un an, puis continués pour une autre année, tenterent de retenir à perpétuité leur pouvoir, en ne permet-

tant plus aux comices de s'affembler ; &
c'eft par ce facile moyen que tous les gouvernemens du monde, une fois revétus de la
force publique, ufurpent tôt ou tard l'autorité Souveraine.

LES affemblées périodiques dont j'ai parlé
ci-devant font propres à prévenir ou différer
ce malheur, fur-tout quand elles n'ont pas befoin de convocation formelle : car alors le
Prince ne fauroit les empêcher fans fe déclarer ouvertement infracteur des loix & ennemi de l'Etat.

L'OUVERTURE de ces affemblées qui n'ont
pour objet que le maintien du traité focial,
doit toujours fe faire par deux propofitions
qu'on ne puiffe jamais fupprimer, & qui paffent feparément par les fuffrages.

LA PREMIERE; *s'il plait au Souverain de
conferver la préfente forme de Gouvernement.*

LA SECONDE; *s'il plait au Peuple d'en*

*laiſſer l'adminiſtration à ceux qui en ſont ac-*
*tuellement chargés.*

JE SUPPOSE ici ce que je crois avoir dé-
montré, ſavoir qu'il n'y a dans l'Etat aucune
loi fondamentale qui ne ſe puiſſe révoquer,
non pas même le pacte ſocial; car ſi tous les
Citoyens s'aſſembloient pour rompre ce pacte d'un commun accord, on ne peut douter
qu'il ne fût très-légitimement rompu. Grotius penſe même que chacun peut renoncer
à l'Etat dont il eſt membre, & reprendre ſa
liberté naturelle & ſes biens en ſortant du
pays *. Or il ſeroit abſurde que tous les
Citoyens réunis ne puſſent pas ce que peut
ſéparément chacun d'eux.

---

* Bien entendu qu'on ne quite pas pour éluder ſon
devoir & ſe diſpenſer de ſervir la patrie au moment qu'elle a beſoin de nous. La fuite alors ſeroit criminelle &
puniſſable; ce ne ſeroit plus retraite, mais déſertion.

*Fin du Livre Troiſieme.*

P 4

# D U

# CONTRACT SOCIAL;

## O U,

## *PRINCIPES*

## D U

## DROIT POLITIQUE.

## *LIVRE IV.*

## CHAPITRE I.

*Que la volonté générale est indestructible.*

Tant que plusieurs hommes réunis se considerent comme un seul corps, ils n'ont qu'une seule volonté, qui se rapporte à la com-

mune confervation, & au bien-être général.
Alors tous les refforts de l'Etat font vigoureux
& fimples, fes maximes font claires & lumi-
neufes, il n'a point d'intérêts embrouillés, contradictoires, le bien commun fe montre par
tout avec évidence, & ne demande que du
bon fens pour être apperçu. La paix l'union
l'égalité font ennemies des fubtilités politiques.
Les hommes droits & fimples font difficiles à
tromper à caufe de leur fimplicité, les leurres
les prétextes rafinés ne leur en impofent point;
ils ne font pas même affez fins pour être
dupes. Quand on voit chez le plus heureux
peuple du monde des troupes de payfans
regler les affaires de l'Etat fous un chêne &
fe conduire toujours fagement, peut-on s'empêcher de méprifer les rafinemens des autres
nations, qui fe rendent illuftres & miférables
avec tant d'art & de mifteres?

P 5

Un Etat ainfi gouverné a befoin de très peu de Loix, & à méfure qu'il devient néceffaire d'en promulguer de nouvelles, cette néceffité fe voit univerfellement. Le premier qui les propofe ne fait que dire ce que tous ont déjà fenti, & il n'eft queftion ni de brigues ni d'éloquence pour faire paffer en loi ce que chacun a déjà réfolu de faire, fitôt qu'il fera fûr que les autres le feront comme lui.

Ce qui trompe les raifonneurs c'eft que ne voyant que des Etats mal conftitués dès leur origine, ils font frappés de l'impoffibilité d'y maintenir une femblable police. Ils rient d'imaginer toutes les fotifes qu'un fourbe adroit, un parleur infinuant pourroit perfuader au peuple de Paris ou de Londres. Ils ne favent pas que Cromwel eut été mis aux fonnètes par le peuple de Berne, & le

Duc de Beaufort à la discipline par les Génevois.

MAIS quand le nœud social commence à se relâcher & l'Etat à s'affoiblir ; quand les intérêts particuliers commencent à se faire sentir & les petites sociétés à influer sur la grande, l'intérêt commun s'altere & trouve des opposans, l'unanimité ne regne plus dans les voix, la volonté générale n'est plus la volonté de tous, il s'éléve des contradictions des débats, & le meilleur avis ne passe point sans disputes.

ENFIN quand l'Etat près de sa ruine ne subsiste plus que par une forme illusoire & vaine, que le lien social est rompu dans tous les cœurs, que le plus vil intérêt se pare effrontément du nom sacré du bien public ; alors la volonté générale devient muette, tous guidés par des motifs secrets n'opinent pas plus comme Citoyens que fi l'Etat n'eut jamais exifté, & l'on fait paffer fauffement fous le nom de Loix des décrets iniques qui n'ont pour but que l'intérêt particulier.

S'ENSUIT-IL de-là que la volonté générale foit anéantie ou corrompue? Non, elle eft toujours conftante, inaltérable & pure; mais elle eft fubordonnée à d'autres qui l'emportent fur elle. Chacun, détachant fon intérêt de l'intérêt commun, voit bien qu'il ne peut l'en féparer tout-à-fait, mais fa part du mal public ne lui paroit rien, auprès du bien exclufif qu'il prétend s'approprier. Ce bien particulier excepté, il veut le bien général pour fon propre intérêt tout auffi fortement qu'aucun autre. Même en vendant fon fuffrage à prix d'argent il n'éteint pas en lui la volonté générale, il l'élude. La faute qu'il commet eft de changer l'état de la queftion

& de répondre autre chofe que ce qu'on lui demande : En forte qu'au lieu de dire par fon fuffrage, *il eft avantageux à l'Etat*, il dit, *il eft avantageux à tel homme ou à tel parti que tel ou tel avis paffe.* Ainfi la loi de l'ordre public dans les affemblées n'eft pas tant d'y maintenir la volonté générale, que de faire qu'elle foit toujours interrogée & qu'elle réponde toujours.

J'AUROIS ici bien des réfléxions à faire fur le fimple droit de voter dans tout acte de fouveraineté ; droit que rien ne peut ôter aux Citoyens ; & fur celui d'opiner, de propofer, de divifer, de difcuter, que le Gouvernement a toujours grand foin de ne laiffer qu'à fes membres ; mais cette importante matiere demanderoit un traité à part, & je ne puis tout dire dans celui-ci.

## CHAPITRE II.

### Des Suffrages.

ON VOIT par le chapitre précédent que la maniere dont se traittent les affaires générales peut donner un indice assez sûr de l'état actuel des mœurs, & de la santé du corps politique. Plus le concert regne dans les assemblées, c'est-à-dire plus les avis approchent de l'unanimité, plus aussi la volonté générale est dominante; mais les longs débats, les dissentions, le tumulte, annoncent l'ascendant des intérêts particuliers & le déclin de l'Etat.

CECI paroit moins évident quand deux ou plusieurs ordres entrent dans sa constitution, comme à Rome les Patriciens & les Plébeyens, dont les querelles troublerent fouvent les comices, même dans les plus beaux tems de la République; mais cette exception eft plus apparente que réelle; car alors par le vice inhérent au corps politique on a, pour ainfi dire, deux Etats en un; ce qui n'eft pas vrai des deux enfemble eft vrai de chacun féparément. Et en effet dans les tems mêmes les plus orageux les plébifcites du peuple, quand le Sénat ne s'en mêloit pas, paffoient toujours tranquillement & à la grande pluralité des fuffrages: Les Citoyens n'ayant qu'un intérêt, le peuple n'avoit qu'une volonté.

A l'autre extrémité du cercle l'unanimité revient. C'eft quand les citoyens tombés dans la fervitude n'ont plus ni liberté ni volonté. Alors la crainte & la flaterie changent en acclamations les fuffrages; on ne délibere plus, on adore ou l'on maudit. Telle étoit la vile maniere d'opiner du Sénat sous les Empereurs. Quelquefois cela se faisoit avec des précautions ridicules: Tacite observe que sous Othon les Sénateurs accablant Vitellius d'exécrations, affectoient de faire en même tems un bruit épouvantable, afin que, si par hazard il devenoit le maitre, il ne put savoir ce que chacun d'eux avoit dit.

De ces diverses considérations naissent les maximes sur lesquelles on doit regler la maniere de compter les voix & de comparer les avis, selon que la volonté générale est plus ou moins facile à connoitre, & l'Etat plus ou moins déclinant.

Il n'y a qu'une seule loi qui par sa nature exige un consentement unanime. C'est le pacte social: car l'association civile est l'acte du monde le plus volontaire; tout homme étant

tant

tant né libre & maitre de lui-même, nul ne
peut, fous quelque prétexte que ce puiffe ê-
tre, l'affujettir fans fon aveu. Décider que le
fils d'une efclave nait efclave, c'eft décider
qu'il ne nait pas homme.

Si donc lors du pacte focial il s'y trouve des oppofans, leur oppofition n'invalide
pas le contract, elle empêche feulement qu'ils
n'y foient compris ; ce font des étrangers
parmi les Citoyens. Quand l'Etat eft inftitué
le confentement eft dans la réfidence ; ha-
biter le territoire c'eft fe foumettre à la fouveraineté *.

Hors ce contract primitif, la voix du plus

* Ceci doit toujours s'entendre d'un Etat libre ; car
d'ailleurs la famille, les biens, le défaut d'azile, la néceffité, la violence, peuvent retenir un habitant dans
le pays malgré lui, & alors fon féjour feul ne fuppofe
plus fon confentement au contract ou à la violation du
contract.

grand nombre oblige toujours tous les autres ; c'eſt une ſuite du contraƈt même. Mais on demande comment un homme peut être libre, & forcé de ſe conformer à des volontés qui ne ſont pas les ſiennes. Comment les oppoſans ſont-ils libres & ſoumis à des loix auxquelles ils n'ont pas conſenti ?

Je reponds que la queſtion eſt mal poſée. Le Citoyen conſent à toutes les loix, même à celles qu'on paſſe malgré lui, & même à celles qui le puniſſent quand il oſe en violer quelqu'une. La volonté conſtante de tous les membres de l'Etat eſt la volonté générale ; c'eſt par elle qu'ils ſont citoyens & libres *. Quand on propoſe une loi dans

---

* A Genes on lit au devant des priſons & ſur les fers des galériens ce mot *Libertas*. Cette application de la deviſe eſt belle & juſte. En effet il n'y a que les malfaiteurs de tous états qui empêchent le Citoyen d'être libre. Dans un pays où tous ces gens-là ſeroient aux Galeres, on jouiroit de la plus parfaite liberté.

l'affemblée du Peuple, ce qu'on leur demande n'eft pas précifément s'ils approuvent la propofition ou s'ils la rejettent, mais fi elle eft conforme ou non à la volonté générale qui eft la leur; chacun en donnant fon fuffrage dit fon avis là-deffus, & du calcul des voix fe tire la déclaration de la volonté générale. Quand donc l'avis contraire au mien l'emporte, cela ne prouve autre chofe finon que je m'étois trompé, & que ce que j'eftimois être la volonté générale ne l'étoit pas. Si mon avis particulier l'eut emporté, j'aurois fait autre chofe que ce que j'avois voulu, c'eft alors que je n'aurois pas été libre.

CECI fuppofe, il eft vrai, que tous les caracteres de la volonté générale font encore dans la pluralité: quand ils ceffent d'y être, quelque parti qu'on prenne il n'y a plus de liberté.

EN MONTRANT ci-devant comment on fub-
ftituoit des volontés particulieres à la volonté
générale dans les délibérations publiques, j'ai
fuffifamment indiqué les moyens praticables de
prévenir cet abus; j'en parlerai encore ci-après. A l'égard du nombre proportionnel des
fuffrages pour déclarer cette volonté, j'ai auffi
donné les principes fur lefquels on peut le
déterminer. La différence d'une feule voix
rompt l'égalité, un feul oppofant rompt l'u-
nanimité; mais entre l'unanimité & l'égalité il
y a plufieurs partages inégaux, à chacun def-
quels on peut fixer ce nombre felon l'état &
les befoins du corps politique.

DEUX maximes générales peuvent fervir
à regler ces rapports: l'une, que plus les délibérations font importantes & graves, plus l'a-
vis qui l'emporte doit approcher de l'unanimité: l'autre, que plus l'affaire agitée exige de

célérité, plus on doit refferrer la différence préfcritte dans le partage des avis; dans les délibérations qu'il faut terminer fur le champ l'excédent d'une feule voix doit fuffire. La premiere de ces maximes paroit plus convenable aux loix, & la feconde aux affaires. Quoiqu'il en foit, c'eft fur leur combinaifon que s'établiffent les meilleurs rapports qu'on peut donner à la pluralité pour prononcer.

## CHAPITRE III.

### Des Elections.

A L'EGARD des élections du Prince & des Magiftrats, qui font, comme je l'ai dit, des actes complexes, il y a deux voyes pour y proceder; favoir, le choix & le fort. L'une & l'autre ont été employées en diverfes Républiques, & l'on voit encore actuellement un melange très compliqué des deux dans l'election du Doge de Venife.

*Le fuffrage par le fort*, dit Montefquieu, *eft de la nature de la Démocratie.* J'en conviens, mais comment cela? *Le fort*, continue-t-il, *eft une façon d'élire qui n'afflige perfonne; il laiffe à chaque Citoyen une efpérance raifonnable de fervir la patrie.* Ce ne font pas-là des raifons.

Si l'on fait attention que l'élection des chefs est une fonction du Gouvernement & non de la Souveraineté, on verra pourquoi la voye du fort est plus dans la nature de la Démocratie, où l'administration est d'autant meilleure que les actes en font moins multipliés.

Dans toute véritable Démocratie la magistrature n'est pas un avantage mais une charge onéreuse, qu'on ne peut justement imposer à un particulier plutôt qu'à un autre. La loi feule peut imposer cette charge à celui fur qui le fort tombera. Car alors la condition étant égale pour tous, & le choix ne dépendant d'aucune volonté humaine, il n'y a point d'application particuliere qui altere l'universalité de la loi.

Dans l'Aristocratie le Prince choisit le Prince, le Gouvernement fe conserve par lui-même, & c'est là que les suffrages font bien placés.

L'exemple de l'élection du Doge de Ve-

nife confirme cette diftinction loin de la détruire : Cette forme mêlée convient dans un
Gouvernement mixte. Car c'eft une erreur
de prendre le Gouvernement de Venife pour
une véritable Ariftocratie. Si le Peuple n'y a
nulle part au Gouvernement, la nobleffe y eft
peuple elle-même. Une multitude de pauvres
Barnabotes n'approcha jamais d'aucune magiftrature, & n'a de fa nobleffe que le vain titre d'Excellence & le droit d'affifter au grand
Confeil. Ce grand Confeil étant auffi nombreux que notre Confeil général à Genève,
fes illuftres membres n'ont pas plus de privileges que nos fimples Citoyens. Il eft certain
qu'ôtant l'extrême difparité des deux Républiques, la bourgeoifie de Genève repréfente e-
xactement le Patriciat Vénitien, nos natifs &
habitans repréfentent les Citadins & le peuple
de Venife, nos payfans repréfentent les fujets de terre-ferme : enfin de quelque maniere

que l'on confidere cette République, abftrac-
tion faite de fa grandeur, fon Gouvernement
n'eft pas plus ariftocratique que le notre,
Toute la différence eft que n'ayant aucun
chef à vie, nous n'avons pas le même
befoin du fort.

LES élections par fort auroient peu d'inconvénient dans une véritable Démocratie où
tout étant égal, auffi bien par les mœurs &
par les talens que par les maximes & par la
fortune, le choix deviendroit prefque indiffé-
rent. Mais j'ai déjà dit qu'il n'y avoit point
de véritable Démocratie.

QUAND le choix & le fort fe trouvent mê-
lés, le premier doit remplir les places qui
demandent des talens propres, telles que les
emplois militaires; l'autre convient à celles
où fuffifent le bon-fens, la juftice, l'intégrité, telles que les charges de judicature; parce
que dans un état bien conftitué ces qualités

font communes à tous les Citoyens.

Le sort ni les fuffrages n'ont aucun lieu dans le Gouvernement monarchique. Le Monarque étant de droit feul Prince & Magiftrat unique, le choix de fes lieutenans n'appartient qu'à lui. Quand l'Abbé de St. Pierre propofoit de multiplier les Confeils du Roi de France & d'en élire les membres par Scrutin, il ne voyoit pas qu'il propofoit de changer la forme du Gouvernement.

Il me refteroit à parler de la maniere de donner & de recueillir les voix dans l'affemblée du peuple; mais peut-être l'hiftorique de la police Romaine à cet égard expliquera-t-il plus fenfiblement toutes les maximes que je pourrois établir. Il n'eft pas indigne d'un lecteur judicieux de voir un peu en détail comment fe traittoient les affaires publiques & particulieres dans un Confeil de deux-cent mille hommes.

﹩𖠌﹩𖠌﹩𖠌﹩𖠌﹩𖠌﹩𖠌﹩𖠌﹩𖠌﹩𖠌

# CHAPITRE IV.

### • *Des Comices romains.*

Nous n'avons nuls monumens bien aſſurés des premiers tems de Rome; il y a même grande apparence que la plupart des choſes qu'on en débite ſont des fables \*; & en général la partie la plus inſtructive des annales des peuples, qui eſt l'hiſtoire de leur établiſſement, eſt celle qui nous manque le plus. L'expérience nous apprend tous les jours de quelles cauſes naiſſent les révolutions des empires; mais comme il ne ſe forme plus de

---

\* Le nom de *Rome* qu'on prétend venir de *Romulus* eſt Grec, & ſignifie *force* ; le nom de *Numa* eſt grec auſſi, & ſignifie *Loi*. Quelle apparence que les deux premiers Rois de cette ville aient porté d'avance des noms ſi bien rélatifs à ce qu'ils ont fait?

peuples, nous n'avons gueres que des conjectures pour expliquer comment ils se sont formés.

Les usages qu'on trouve établis, attestent au moins qu'il y eut une origine à ces usages. Des traditions qui remontent à ces origines, celles qu'appuyent les plus grandes autorités & que de plus fortes raisons confirment doivent passer pour les plus certaines. Voilà les maximes que j'ai tâché de suivre en recherchant comment le plus libre & le plus puissant peuple de la terre exerceoit son pouvoir suprême.

Apre's la fondation de Rome la République naissante, c'est-à-dire, l'armée du fondateur, composée d'Albains, de Sabins, & d'étrangers, fut divisée en trois classes, qui de cette division prirent le nom de *Tribus*. Chacune de ces Tribus fut subdivisée en dix

Curies, & chaque Curie en Décuries, à la
tête defquelles on mit des chefs appellés *Cu-*
*rions* & *Décurions.*

OUTRE cela on tira de chaque Tribu un
corps de cent Cavaliers ou Chevaliers, appellé Centurie: par où l'on voit que ces divifions, peu néceffaires dans un bourg, n'é-
toient d'abord que militaires. Mais il femble
qu'un inftinct de grandeur portoit la petite
ville de Rome à fe donner d'avance une
police convenable à la capitale du monde.

DE CE premier partage refulta bientôt un
inconvénient. C'eft que la Tribu des Albains
(*a*) & celle des Sabins (*b*) reftant toujours au
même état, tandis que celle des étrangers (*c*)
croiffoit fans ceffe par le concours perpétuel

---

(*a*) *Ramnenfes.*
(*b*) *Tatienfes.*
(*c*) *Luceres,*

de ceux-ci, cette derniere ne tarda pas à fur-
paſſer les deux autres. Le remede que Servius trouva à ce dangereux abus fut de changer la diviſion, & à celle des races, qu'il a-
bolit, d'en ſubſtituer une autre tirée des lieux
de la ville occupés par chaque Tribu. Au
lieu de trois Tribus il en fit quatre; chacune deſquelles occupoit une des collines de
Rome & en portoit le nom. Ainſi remé-
diant à l'inégalité préſente il la prévint encore pour l'avenir; & afin que cette diviſion
ne fut pas ſeulement de lieux mais d'hommes, il défendit aux habitans d'un quartier
de paſſer dans un autre, ce qui empêcha
les races de ſe confondre.

Il DOUBLA auſſi les trois anciennes centuries de Cavalerie & y en ajouta douze autres, mais toujours ſous les anciens noms;
moyen ſimple & judicieux par lequel il ache-

va de diftinguer le corps des Chevaliers de celui du Peuple, fans faire murmurer ce dernier.

A CES quatre Tribus urbaines Servius en ajouta quinze autres appellées Tribus ruftiques, parce qu'elles étoient formées des habitans de la campagne, partagés en autant de cantons. Dans la fuite on en fit autant de nouvelles, & le Peuple romain fe trouva enfin divifé en trente-cinq Tribus ; nombre auquel elles refterent fixées jufqu'à la fin de la République.

DE CETTE diftinction des Tribus de la Ville & des Tribus de la campagne refulta un effet digne d'être obfervé, parce qu'il n'y en a point d'autre exemple, & que Rome lui dût à la fois la confervation de fes mœurs & l'accroiffement de fon empire. On croiroit que les Tribus urbaines s'arrogerent bientôt la puiſſance & les honneurs, & ne tarderent pas d'avilir les Tribus ruſtiques; ce fut tout le contraire. On connoit le goût des premiers Romains pour la vie champêtre. Ce goût leur venoit du ſage inſtituteur qui unit à la liberté les travaux ruſtiques & militaires, & reléga pour ainſi dire à la ville les arts, les métiers, l'intrigue, la fortune & l'eſclavage.

Ainsi tout ce que Rome avoit d'illuſtre vivant aux champs & cultivant les terres, on s'accoutuma à ne chercher que là les ſou-tiens de la République. Cet état étant celui des plus dignes Patriciens fut honoré de tout le monde: la vie ſimple & laborieuſe des Villageois fut préférée à la vie oiſive & lâche des Bourgeois de Rome, & tel n'eut été qu'un malheureux prolétaire à la ville, qui, laboureur aux champs, devint un Citoyen reſpecté. Ce n'eſt pas ſans raiſon, diſoit Varron, que

nos

nos magnanimes ancêtres établirent au Village la pépiniere de ces robuftes & vaillans hommes qui les défendoient en tems de guerre & les nourriffoient en tems de paix. Pline dit pofitivement que les Tribus des champs étoient honorées à caufe des hommes qui les compofoient; au lieu qu'on transferoit par ignominie dans celles de la Ville les lâches qu'on vouloit avilir. Le Sabin Appius Claudius étant venu s'établir à Rome y fut comblé d'honneurs & infcrit dans une Tribu ruftique qui prit dans la fuite le nom de fa famille. Enfin les affranchis entroient tous dans les Tribus urbaines, jamais dans les rurales; & il n'y a pas durant toute la République un feul exemple d'aucun de ces affranchis parvenu à aucune magiftrature, quoique devenu Citoyen.

CETTE maxime étoit excellente; mais

R

elle fut pouſſée ſi loin, qu'il en reſulta enfin un changement & certainement un abus dans la police.

PREMIEREMENT, les Cenſeurs, après s'être arrogés longtems le droit de transférer arbitrairement les citoyens d'une Tribu à l'autre, permirent à la plupart de ſe faire inſcrire dans celle qu'il leur plaiſoit; permiſſion qui ſurement n'étoit bonne à rien, & ôtoit un des grands reſſorts de la cenſure. De plus, les Grands & les puiſſans ſe faiſant tous inſcrire dans les Tribus de la campagne, & les affranchis devenus Citoyens reſtant avec la populace dans celles de la ville, les Tribus en général n'eurent plus de lieu ni de territoire; mais toutes ſe trouverent tellement mêlées qu'on ne pouvoit plus diſcerner les membres de chacune que par les regiſtres, en ſorte que l'idée du mot *Tribu* paſſa ainſi du réel au perfonnel, ou plutôt, devint prefque une chimere.

Il ARRIVA encore que les Tribus de la ville, étant plus à portée, fe trouverent fouvent les plus fortes dans les comices, & vendirent l'Etat à ceux qui daignoient acheter les fuffrages de la canaille qui les compofoit.

A L'EGARD des Curies, l'inftituteur en ayant fait dix en chaque Tribu, tout le peuple romain alors renfermé dans les murs de la ville fe trouva compofé de trente Curies, dont chacune avoit fes temples fes Dieux fes officiers fes prêtres, & fes fêtes appellées *compitalia*, femblables aux *Paganalia* qu'eurent dans la fuite les Tribus ruftiques.

Au NOUVEAU partage de Servius ce nombre de trente ne pouvant fe répartir également dans fes quatre Tribus, il n'y voulut point toucher, & les Curies indépendantes des Tribus devinrent une autre divifion des habitans de Rome: Mais il ne fut point queftion de Curies ni dans les Tribus ruftiques ni dans le peuple qui les compofoit, parce que les Tribus étant devenues un établiffement purement civil, & une autre police ayant été introduite pour la levée des troupes, les divifions militaires de Romulus fe trouverent fuperflues. Ainfi, quoique tout Citoyen fut infcrit dans une Tribu, il s'en faloit beaucoup que chacun ne le fut dans une Curie.

SERVIUS fit encore une troifieme divifion qui n'avoit aucun rapport aux deux précédentes, & devint par fes effets la plus importante de toutes. Il diftribua tout le peuple romain en fix claffes, qu'il ne diftinga ni par le lieu ni par les hommes, mais par les biens: En forte que les premieres claffes étoient remplies par les riches, les dernieres par les pauvres, & les moyennes par ceux qui jouïssoient d'une fortune médiocre. Ces six classes étoient subdivisées en 193 autres corps appellés centuries, & ces corps étoient tellement distribués que la premiere Classe en comprenoit seule plus de la moitié, & la derniere n'en formoit qu'un seul. Il se trouva ainsi que la Classe la moins nombreuse en hommes l'étoit le plus en centuries, & que la derniere classe entiere n'étoit comptée que pour une subdivision, bien qu'elle contínt seule plus de la moitié des habitans de Rome.

AFIN que le peuple penétrât moins les conséquences de cette derniere forme, Servius affecta de lui donner un air militaire: il insera dans la seconde classe deux centuries d'armuriers, & deux d'instrumens de guerre dans la quatrieme: Dans chaque Classe, excepté la derniere, il distinga les jeunes & les vieux, c'eft-à-dire ceux qui étoient obligés de porter les armes, & ceux que leur âge en exemptoit par les loix; diftinction qui plus que celle des biens produifit la néceffité de recommencer fouvent le cens ou denombrement : Enfin il voulut que l'affemblée fe tint au champ de Mars, & que tous ceux qui étoient en âge de fervir y vinffent avec leurs armes.

La raison pour laquelle il ne fuivit pas dans la derniere claffe cette même divifion des jeunes & des vieux, c'eft qu'on n'accordoit point à la populace dont elle étoit compofée l'honneur de porter les armes pour la patrie; il faloit avoir des foyers pour obtenir le droit de les défendre, & de ces innombrables troupes de gueux dont brillent aujourd'hui les armées des Rois, il n'y en a pas un, peut-être, qui n'eut été chaffé avec dédain d'une cohorte romaine, quand les foldats étoient les défenseurs de la liberté.

On distinga pourtant encore dans la derniere classe les *prolétaires* de ceux qu'on appelloit *capite censi.* Les premiers, non tout à fait réduits à rien, donnoient au moins des Citoyens à l'Etat, quelquefois même des soldats dans les besoins pressans. Pour ceux qui n'avoient rien du tout & qu'on ne pouvoit dénombrer que par leurs têtes, ils étoient tout à fait regardés comme nuls, & Marius fut le premier qui daigna les enroller.

Sans décider ici si ce troisieme dénombrement étoit bon ou mauvais en lui-même, je crois pouvoir affirmer qu'il n'y avoit que les mœurs simples des premiers Romains, leur désintéressement, leur goût pour l'agriculture, leur mépris pour le commerce & pour l'ardeur du gain, qui pussent le rendre practica-

ble. Où eſt le peuple moderne chez lequel
la dévorante avidité, l'eſprit inquiet, l'intrigue, les déplacemens continuels, les perpé-
tuelles révolutions des fortunes puſſent laiſſer
durer vingt ans un pareil établiſſement ſans
bouleverſer tout l'Etat ? Il faut même bien
remarquer que les mœurs & la cenſure plus
fortes que cette inſtitution en corrigerent le
vice à Rome, & que tel riche ſe vit relegué
dans la claſſe des pauvres, pour avoir trop
étalé ſa richeſſe.

DE TOUT ceci l'on peut comprendre aiſément pourquoi il n'eſt preſque jamais fait
mention que de cinq claſſes, quoiqu'il y en
eut réellement ſix. La ſixieme, ne fourniſſant
ni ſoldats à l'armée ni votans au champ de
Mars * & n'étant preſque d'aucun uſage dans

* Je dis, au *champ de mars*, parce que c'étoit là
que s'aſſembloient les Comices par centuries; dans les

la République, étoit rarement comptée, pour quelque chose.

TELLES furent les différentes divisions du peuple Romain. Voyons à présent l'effet qu'elles produisoient dans les assemblées. Ces assemblées légitimement convoquées s'appelloient *Comices*; elles se tenoient ordinairement dans la place de Rome ou au champ de Mars, & se distingoient en comices par Curies, Comices par Centuries, & Comices par Tribus, selon celle de ces trois formes sur laquelle elles étoient ordonnées: les comices par Curies étoient de l'institution de Romulus, ceux par Centuries de Servius, ceux par Tribus des Tribuns du peuple. Aucune loi ne recevoit la sanction, aucun magistrat n'étoit élu que dans les Comices, & comme il n'y a-

---

deux autres formes le peuple s'assembloit *au forum* ou ailleurs, & alors les *Capite cens* avoient autant d'influence & d'autorité que les premiers Citoyens.

R 5

voit aucun Citoyen qui ne fut infcrit dans
une Curie, dans une Centurie, ou dans une
Tribu, il s'enfuit qu'aucun Citoyen n'étoit
exclud du droit de fuffrage, & que le Peuple Romain étoit véritablement Souverain de
droit & de fait.

Pour que les Comices fuffent légitimement affemblés & que ce qui s'y faifoit eut
force de loi il faloit trois conditions: la premiere que le corps ou le Magiftrat qui les
convoquoit fut revêtu pour cela de l'autorité
néceffaire; la feconde que l'affemblée fe fît
un des jours permis par la loi; la troifieme
que les augures fuffent favorables.

La raison du premier reglement n'a
pas befoin d'être expliquée. Le fecond eft
une affaire de police; ainfi il n'étoit pas permis de tenir les Comices les jours de férie
& de marché, où les gens de la campagne

venant à Rome pour leurs affaires n'avoient pas le tems de paſſer la journée dans la place publique. Par le troiſieme le Sénat tenoit en bride un peuple fier & remuant, & tempéroit à propos l'ardeur des Tribuns féditieux; mais ceux-ci trouverent plus d'un moyen de ſe délivrer de cette gêne.

LES LOIX & l'élection des chefs n'étoient pas les ſeuls points ſoumis au jugement des Comices : Le peuple romain ayant uſurpé les plus importantes fonctions du Gouvernement, on peut dire que le ſort de l'Europe étoit réglé dans ſes aſſemblées. Cette variété d'objets donnoit lieu aux diverſes formes que prenoient ces aſſemblées ſelon les matieres ſur leſquelles il avoit à prononcer.

POUR juger de ces diverſes formes il ſuffit de les comparer. Romulus en inſtituant les Curies avoit en vue de contenir le Sénat par le peuple & le Peuple par le Sénat, en dominant également fur tous. Il donna donc au peuple par cette forme toute l'autorité du nombre pour balancer celle de la puissance & des richesses qu'il laissoit aux Patriciens. Mais félon l'esprit de la Monarchie, il laissa cependant plus d'avantage aux Patriciens par l'influence de leurs Cliens sur la pluralité des suffrages. Cette admirable institution des Patrons & des Cliens fut un chef-d'œuvre de politique & d'humanité, sans lequel le Patriciat, si contraire à l'esprit de la République, n'eut pu subsister. Rome seule a eu l'honneur de donner au monde ce bel exemple, duquel il ne résulta jamais d'abus, & qui pourtant n'a jamais été suivi.

Cette même forme des Curies ayant subsisté fous les Rois jusqu'à Servius, & le regne du dernier Tarquin n'étant point compté pour légitime, cela fit distinguer généralement les loix royales par le nom de *leges curiatæ*.

SOUS la République les Curies, toujours bornées aux quatre Tribus urbaines, & ne contenant plus que la populace de Rome, ne pouvoient convenir ni au Sénat qui étoit à la tête des Patriciens, ni aux Tribuns qui, quoique plebeyens, étoient à la tête des Citoyens aisés. Elles tomberent donc dans le discrédit, & leur avilissement fut tel, que leurs trente Licteurs assemblés faisoient ce que les comices par Curies auroient dû faire.

LA DIVISION par Centuries étoit si favorable à l'Aristocratie, qu'on ne voit pas d'abord comment le Sénat ne l'emportoit pas toujours dans les Comices qui portoient ce nom, & par lesquels étoient élus les Consuls, les Censeurs, & les autres Magistrats curules. En effet des .cent quatre-vingt-treize centuries qui formoient les six Classes de tout le Peuple romain, la premiere Classe en comprenant quatre vingt dix huit, & les voix ne se

comptant que par Centuries, cette feule premiere Claffe l'emportoit en nombre de voix
fur toutes les autres. Quand toutes fes Centuries étoient d'accord on ne continuoit pas
même à recueillir les fuffrages; ce qu'avoit
décidé le plus petit nombre paffoit pour une
décifion de la multitude, & l'on peut dire
que dans les Comices par Centuries les affaires fe regloient à la pluralité des écus bien
plus qu'à celle des voix.

MAIS cette extrême autorité fe tempéroit
par deux moyens. Premierement les Tribuns
pour l'ordinaire, & toujours un grand nombre
de Plebeyens, étant dans la claffe des riches
balançoient le crédit des Patriciens dans cette premiere claffe.

LE SECOND moyen confiftoit en ceci, qu'au
lieu de faire d'abord voter les Centuries felon
leur ordre, ce qui auroit toujours fait commencer par la premiere, on en tiroit une au

fort, & celle-là * procédoit feule à l'élection ;
après quoi toutes les Centuries appellées un
autre jour felon leur rang répétoient la même élection & la confirmoit ordinairement.
On ôtoit ainfi l'autorité de l'exemple au rang
pour la donner au fort felon le principe de
la Démocratie.

Il resultoit de cet ufage un autre
avantage encore ; c'eft que les Citoyens de
la campagne avoient le tems entre les deux
élections de s'informer du mérite du Candi-
dat provifionnellement nommé, afin · de ne
donner leur voix qu'avec connôiffance de
caufe. Mais fous prétexte de célérité l'on
vint à bout d'abolir cet ufage , & les deux
élections fe firent le même jour.

---

* Cette centurie ainfi tirée au fort s'appelloit *prœ ro-
gativa*, à caufe qu'elle étoit la premiere à qui l'on demandoit fon fuffrage , & c'eft delà qu'eft venu le
mot de *prérogative*.

LES Comices par Tribus étoient proprement le Confeil du peuple romain. Ils ne fe convoquoient que par les Tribuns ; les Tribuns y étoient élus & y paſſoient leurs plebifcites. Non feulement le Sénat n'y avoit point de rang, il n'avoit pas même le droit d'y affifter, & forcés d'obéir à des loix fur lefquelles ils n'avoient pû vôter, les Sénateurs à cet égard étoient moins libres que les derniers Citoyens. Cette injuftice étoit tout-à-fait mal entendue, & fuffifoit feule pour invalider les décrets d'un corps où tous fes membres n'étoient pas admis. Quand tous les Patriciens euſſent affifté à ces Comices felon le droit qu'ils en avoient comme Citoyens, devenus alors fimples particuliers ils n'euſſent guere influé fur une forme de fuffrages qui fe recueilloient par tête, & où le moindre prolétaire pouvoit autant que le Prince du Sénat.                    ON

On voit donc qu'outre l'ordre qui réfultoit de ces diverfes diftributions pour le recueillement des fuffrages d'un fi grand Peuple, ces diftributions ne fe réduifoient pas à des formes indifférentes en elles mêmes, mais que chacune avoit des effets rélatifs aux vues qui la faifoient préférer.

Sans entrer là deffus en de plus longs détails, il réfulte des éclairciffemens précédens que les Comices par Tribus étoient les plus favorables au Gouvernement populaire, & les Comices par Centuries à l'Ariftocratie. A l'égard des Comices par Curies où la feule populace de Rome formoit la pluralité, comme ils n'étoient bons qu'à favorifer la tirannie & les mauvais deffeins, ils durent tomber dans le décri, les féditieux eux-mêmes s'abftenant d'un moyen qui mettoit trop à découvert leurs projets. Il eft certain que tou-

S

te la majefté du Peuple Romain ne fe trouvoit que dans les Comices par Centuries, qui feuls étoient complets; attendu que dans les Comices par Curies manquoient les Tribus ruftiques, & dans les Comices par Tribus le Sénat & les Patriciens.

QUANT à la maniere de recueillir les fuffrages, elle étoit chez les premiers Romains auffi fimple que leurs mœurs, quoique moins fimple encore qu'à Sparte. Chacun donnoit fon fuffrage à haute voix, un Greffier les écrivoit à méfure; pluralité de voix dans chaque Tribu déterminoit le fuffrage de la Tribu, pluralité de voix entre les Tribus déterminoit le fuffrage du peuple, & ainfi des Curies & des Centuries. Cet ufage étoit bon tant, que l'honnêteté régnoit entre les Citoyens & que chacun avoit honte de donner publiquement fon fuffrage à un avis injufte ou à un fujet indigne; mais quand le peuple fe corrompit & qu'on achetta les voix, il convint qu'elles fe donnaffent en fecret pour contenir les acheteurs par la défiance, & fournir aux fripons le moyen de n'être pas des traîtres.

Je sais que Ciceron blâme ce changement & lui attribue en partie la ruine de la République. Mais quoi que je fente le poids que doit avoir ici l'autorité de Ciceron, je ne puis être de fon avis. Je penfe, au contraire, que pour n'avoir pas fait affez de changemens femblables on accélera la perte de l'Etat. Comme le régime des gens fains n'eft pas propre aux malades, il ne faut pas vouloir gouverner un peuple corrompu par les mêmes Loix qui conviennent à un bon peuple. Rien ne prouve mieux cette maxime que la durée de la République de Venife, dont le fimulacre exifte encore, uniquement parce que fes loix ne conviennent qu'à de méchans hommes.

ON DISTRIBUA donc aux Citoyens des tabletes par lefquelles chacun pouvoit voter fans qu'on fut quel étoit fon avis. On établit auffi de nouvelles formalités pour le recueillement des tablettes, le compte des voix, la comparaifon des nombres &c. Ce qui n'empêcha pas que la fidélité des Officiers chargés de ces fonétions * ne fut fouvent fufpeétée. On fit enfin, pour empêcher la brigue & le trafic des fuffrages, des Edits dont la multitude montre l'inutilité.

VERS les derniers tems, on étoit fouvent contraint de recourir à des expédiens extraordinaires pour fuppléer à l'infuffifance des loix.

---

* Cuftodes, Diribitores, Rogatores fuffragiorum.

Tantôt on fuppofoit des prodiges; mais ce moyen qui pouvoit en impofer au peuple n'en impofoit pas à ceux qui le gouvernoient; tantôt on convoquoit brufquement une affemblée avant que les Candidats euffent eu le tems de faire leurs brigues; tantôt on confumoit toute une féance à parler quand on voyoit le peuple gagné prêt à prendre un mauvais parti: Mais enfin l'ambition éluda tout; & ce qu'il y a d'incroyable, c'eft qu'au milieu de tant d'abus, ce peuple immenfe, à la faveur de fes anciens réglemens, ne laiffoit pas d'élire les Magiftrats, de paffer les loix, de juger les caufes, d'expédier les affaires particulieres & publiques, prefque avec autant de facilité qu'eut pu faire le Sénat lui-même.

# CHAPITRE V.

## Du Tribunat.

QUAND on ne peut établir une exacte proportion entre les parties conftitutives de l'Etat, ou que des caufes indeftruétibles en alterent fans ceffe les rapports, alors on inftitue une magiftrature particuliere qui ne fait point corps avec les autres, qui replace chaque terme dans fon vrai rapport, & qui fait une liaifon ou un moyen terme foit entre le Prince & le Peuple, foit entre le Prince & le Souverain, foit à la fois des deux côtés s'il eft néceffaire.

CE CORPS, que j'appellerai *Tribunat*, eft le confervateur des loix & du pouvoir légiflatif. Il fert quelquefois à protéger le Souverain contre le Gouvernement, comme faifoient à Rome les Tribuns du peuple, quelquefois à foutenir le Gouvernement contre le Peuple, comme fait maintenant à Venife le confeil des Dix, & quelquefois à maintenir l'équilibre de part & d'autre, comme faifoient les Ephores à Sparte.

LE TRIBUNAT n'eft point une partie conftitutive de la Cité, & ne doit avoir aucune portion de la puiffance légiflative ni de l'exécutive, mais c'eft en cela même que la fienne eft plus grande: car ne pouvant rien faire il peut tout empêcher. Il eft plus facré & plus révéré comme défenfeur des Loix, que le Prince qui les exécute & que le Souverain qui les donne. C'eft ce qu'on vit bien clairement à Rome quand ces fiers Patriciens, qui méprifèrent toujours le peuple entier, furent forcés de fléchir devant un fimple officier du peuple, qui n'avoit ni aufpices ni jurifdiction.

LE TRIBUNAT fagement tempéré eft le plus ferme appui d'une bonne conftitution; mais pour peu de force qu'il ait de trop il renverfe tout: A l'égard de la foibleffe, elle n'eft pas dans fa nature, & pourvu qu'il foit quelque chofe, il n'eft jamais moins qu'il ne faut.

IL DEGENERE en tirannie quand il ufurpe la puiffance exécutive dont il n'eft que le modérateur, & qu'il veut difpenfer les loix qu'il ne doit que protéger. L'énorme pouvoir des Ephores qui fut fans danger tant que Sparte conferva fes mœurs, en accélera la corruption commencée. Le fang d'Agis égorgé par ces tirans fut vengé par fon fucceffeur: le crime & le châtiment des Ephores hâterent également la perte de la Répu-

blique, & après Cléomene Sparte ne fut plus
rien. Rome périt encore par la même voye, & le pouvoir exceſſif des Tribuns uſurpé par degrés ſervit enfin, à l'aide des loix
faites pour la liberté, de ſauvegarde aux Empereurs qui la détruiſirent. Quant au Conſeil
des Dix à Veniſe; c'eſt un Tribunal de ſang,
horrible également aux Patriciens & au Peuple, & qui, loin de protéger hautement les
loix, ne ſert plus, après leur aviliſſement,
qu'à porter dans les ténebres des coups qu'on
n'oſe appercevoir.

Le Tribunat s'affoiblit comme le Gouvernement par la multiplication de ſes membres. Quand les Tribuns du peuple romain,
d'abord au nombre de deux, puis de cinq,
voulurent doubler ce nombre, le Sénat les
laiſſa faire, bien ſûr de contenir les uns par
les autres; ce qui ne manqua pas d'arriver.

LE MEILLEUR moyen de prevenir les u-
furpations d'un fi redoutable corps , moyen
dont nul Gouvernement ne s'eft avifé jufqu'i-
ci, feroit de ne pas rendre ce corps permanent , mais de regler des intervalles durant
lefquels il refteroit fupprimé. Ces intervalles
qui ne doivent pas être affez grands pour
laiffer aux abus le tems de s'affermir, peuvent être fixés par la loi , de maniere qu'il
foit aifé de les abréger au befoin par des
commiffions extraordinaires.

CE MOYEN me paroit fans inconvénient,
parce que, comme je l'ai dit, le Tribunat ne
faifant point partie de la conftitution peut
être ôté fans qu'elle en fouffre; & il me paroit efficace, parce qu'un magiftrat nouvelle-
ment rétabli ne part point du pouvoir qu'a-
voit fon prédeceffeur, mais de celui que la
loi lui donne.

# CHAPITRE VI.

## *De la Dictature*

L'INFLEXIBILITE' des loix, qui les empêche de se plier aux événemens, peut en certains cas les rendre pernicieuses, & causer
par elles la perte de l'Etat dans sa crise.
L'ordre & la lenteur des formes demandent
un espace de tems que les circonstances re-
fusent quelquefois. Il peut se présenter mille
cas auxquels le Législateur n'a point pourvu,
& c'est une prévoyance très-nécessaire de
sentir qu'on ne peut tout prévoir.

IL NE faut donc pas vouloir affermir les
institutions politiques jusqu'à s'ôter le pouvoir
d'en suspendre l'effet. Sparte elle-même a
laissé dormir ses loix.

MAIS il n'y a que les plus grands dangers qui puiſſent balancer celui d'altérer l'ordre public, & l'on ne doit jamais arrêter le pouvoir ſacré des loix que quand il s'agit du ſalut de la patrie. Dans ces cas rares & manifeſtes on pourvoit à la ſûreté publique par un acte particulier qui en remet la charge au plus digne. Cette commiſſion peut ſe donner de deux manieres ſelon l'eſpece du danger.

SI POUR y remédier il ſuffit d'augmenter l'activité du gouvernement, on le concentre dans un ou deux de ſes membres; Ainſi ce n'eſt pas l'autorité des loix qu'on altere mais ſeulement la forme de leur adminiſtration. Que ſi le péril eſt tel que l'appareil des loix ſoit un obſtacle à s'en garantir, alors on nomme un chef ſuprême qui faſſe taire toutes les loix & ſuſpende un moment l'autorité Souveraine; en pareil cas la volonté générale n'eſt

pas douteuſe, & il eſt évident que la premiere intention du peuple eſt que l'Etat ne
périſſe pas. De cette maniere la ſuſpenſion
de l'autorité légiſlative ne l'abolit point; le
magiſtrat qui la fait taire ne peut la faire
parler, il la domine ſans pouvoir la repréſen-
ter; il peut tout faire, excepté des loix.

Le premier moyen s'employoit par le
Sénat Romain quand il chargeoit les Conſuls
par une formule conſacrée de pourvoir au
ſalut de la République; le ſecond avoit lieu
quand un des deux Conſuls nommoit un Dictateur *; uſage dont Albe avoit donné l'e-
xemple à Rome.

Dans les commencemens de la République on eut très ſouvent recours à la Dictatu-

---

* Cette nomination ſe faiſoit de nuit & en ſecret,
comme ſi l'on avoit eu honte de mettre un homme
au deſſus des loix.

re, parce que l'Etat n'avoit pas encore une affiete affez fixe pour pouvoir fe foutenir par la feule force de fa conftitution. Les mœurs rendant alors fuperflues bien des précautions qui euffent été néceffaires dans un autre tems, on ne craignoit ni qu'un Dictateur abusât de fon autorité, ni qu'il tentât de la garder au delà du terme. Il fembloit, au contraire, qu'un fi grand pouvoir fut à charge à celui qui en étoit revêtu, tant il fe hâtoit de s'en défaire; comme fi c'eut été un pofte trop pénible & trop périlleux de tenir la place des loix!

Aussi n'eft-ce pas le danger de l'abus mais celui de l'aviliffement qui me fait blâmer l'ufage indifcret de cette fuprême magiftrature dans les premiers tems. Car tandis qu'on la prodigoit à des Elections, à des Dédicaces, à des chofes de pure formalité, il étoit à craindre qu'elle ne devint moins redoutable au befoin, & qu'on ne s'accoutumât à regarder comme un vain titre celui qu'on n'employoit qu'à de vaines cérémonies.

VERS la fin de la République, les Romains, devenus plus circonfpeêts, ménagerent la Diêtature avec auffi peu de raifon qu'ils l'avoient prodiguée autrefois. Il étoit aifé de voir que leur crainte étoit mal fondée, que la foibleffe de la capitale faifoit alors fa fûreté contre les Magiftrats qu'elle avoit dans fon fein, qu'un Diêtateur pouvoit en certains cas défendre la liberté publique fans jamais y pouvoir attenter, & que les fers de Rome ne feroient point forgés dans Rome même, mais dans fes armées: le peu de réfiftance que firent Marius à Sylla, & Pompée à Céfar, montra bien ce qu'on pouvoit attendre de l'autorité du dedans contre la force du dehors.

CETTE erreur leur fit faire de grandes fautes. Telle, par exemple, fut celle de n'avoir pas nommé un Dictateur dans l'affaire de Catilina; car comme il n'étoit question que du dedans de la ville, & tout au plus, de quelque province d'Italie, avec l'autorité sans bornes que les Loix donnoient au Dictateur il eut facilement dissipé la conjuration, qui ne fut étouffée que par un concours d'heureux hazards que jamais la prudence humaine ne devoit attendre.

AU LIEU de cela, le Sénat se contenta de remettre tout son pouvoir aux Consuls; d'où il arriva que Ciceron, pour agir efficacement, fut contraint de passer ce pouvoir dans un point capital, & que, si les premiers transports de joye firent approuver sa conduite, ce fut avec justice que dans la suite on lui demanda compte du sang des Citoyens versé

contré

contre les loix; reproche qu'on n'eut pu faire
à un Dictateur. Mais l'éloquence du Conful
entraîna tout; & lui-même, quoique Romain,
aimant mieux fa gloire que fa patrie, ne
cherchoit pas tant le moyen le plus légitime
& le plus fûr de fauver l'Etat, que celui d'a-
voir tout l'honneur de cette affaire *. Auffi
fut-il honoré juftement comme libérateur de
Rome, & juftement puni comme infracteur
des loix. Quelque brillant qu'ait été fon rap-
pel, il eft certain que ce fut une grace.

Au reste, de quelque maniere que cette
importante commiffion foit conférée, il importe d'en fixer la durée à un terme très
court qui jamais ne puiffe être prolongé;
dans les crifes qui la font établir l'Etat eft

---

* C'eft ce dont il ne pouvoit fe répondre en propo-
fant un Dictateur, n'ofant fe nommer lui-même & ne
pouvant s'affurer que fon collegue le nommeroit.

T

bientôt détruit ou fauvé, &, paffé le befoin preffant, la Dictature devient tirannique ou vaine. A Rome les Dictateurs ne l'étant que pour fix mois, la plupart abdiquerent avant ce terme. Si le terme eut été plus long, peut-être euffent-ils été tentés de le prolonger encore, comme firent les Décemvirs celui d'une année. Le Dictateur n'avoit que le tems de pourvoir au befoin qui l'avoit fait élire, il n'avoit pas celui de fonger à d'autres projets.

# CHAPITRE VII.

## De la Cenfure.

DE MEME que la déclaration de la volonté générale fe fait par la loi, la déclaration du jugement public fe fait par la cenfure; l'opinion publique eft l'efpece de loi dont le Cenfeur eft le Miniftre, & qu'il ne fait qu'appliquer aux cas particuliers, à l'exemple du Prince.

LOIN donc que le tribunal cenforial foit l'arbitre de l'opinion du peuple, il n'en eft que le déclarateur, & fitôt qu'il s'en écarte, fes décifions font vaines & fans effet.

IL EST inutile de diftinguer les mœurs d'une nation des objets de fon eftime; car tout cela tient au même principe & fe confond néceffairement. Chez tous les peuples du monde, ce n'eft point la nature mais l'opinion qui décide du choix de leurs plaifirs. Redreffez les opinions des hommes & leurs mœurs s'épureront d'elles mêmes. On aime toujours ce qui eft beau ou ce qu'on trouve tel, mais c'eft fur ce jugement qu'on fe trompe; c'eft donc ce jugement qu'il s'agit de regler. Qui juge des mœurs juge de l'honneur, & qui juge de l'honneur prend fa loi de l'opinion.

Les opinions d'un peuple naiffent de fa conftitution; quoique la loi ne regle pas les mœurs, c'eft la légiflation qui les fait naitre; quand la légiflation s'affoiblit les mœurs dégénerent, mais alors le jugement des Cenfeurs ne fera pas ce que la force des loix n'aura pas fait.

Il suit de-là que la Cenfure peut être

utile pour conferver les mœurs, jamais pour les rétablir. Etabliffez des Cenfeurs durant la vigueur des Loix; fitôt qu'elles l'ont perdue, tout eft défefpéré; rien de légitime n'a plus de force lorfque les loix n'en ont plus.

. La Censure maintient les mœurs en empêchant les opinions de fe corrompre, en confervant leur droiture par de fages applications, quelquefois même en les fixant lorfqu'elles font encore incertaines. L'ufage des feconds dans les duels, porté jufqu'à la fureur dans le Royaume de France, y fut aboli par ces feuls mots d'un Edit du Roi; *quant à ceux qui ont la lâcheté d'appeller des Seconds.* Ce jugement prevenant celui du public le détermina tout d'un coup. Mais quand les mêmes Edits voulurent prononcer que c'étoit auffi une lâcheté de fe battre en duel; ce qui eft très-vrai, mais contraire à l'opinion commune; le public se moqua de cette décision sur laquelle son jugement étoit déjà porté.

J'ai dit ailleurs * que l'opinion publique n'étant point soumise à la contrainte, il n'en faloit aucun vestige dans le tribunal établi pour la représenter. On ne peut trop admirer avec quel art ce ressort, entierement perdu chez les modernes, étoit mis en œuvre chez les Romains & mieux chez les Lacédémoniens.

Un homme de mauvaises mœurs ayant ouvert un bon avis dans le conseil de Sparte, les Ephores sans en tenir compte firent proposer le même avis par un Citoyen vertueux. Quel honneur pour l'un, quelle note pour l'autre, sans avoir donné ni louange ni

---

* Je ne fais qu'indiquer dans ce chapitre ce que j'ai traité plus au long dans la Lettre à M. d'Alembert.

blâme à aucun des deux! Certains ivrognes de Samos fouillerent le Tribunal des Ephores: le lendemain par Edit public il fut permis aux Samiens d'être des vilains. Un vrai châtiment eut été moins severe qu'une pareille impunité? Quand Sparte a prononcé fur ce qui eft ou n'eft pas honnête, la Grèce n'appelle pas de fes jugemens.

## CHAPITRE VIII.

### De la Religion Civile.

LES hommes n'eurent point d'abord d'autres Rois que les Dieux, ni d'autre Gouvernement que le Théocratique. Ils firent le raisonnement de Caligula, & alors ils raisonnoient juste. Il faut une longue altération de sentimens & d'idées pour qu'on puisse se résoudre à prendre son semblable pour maitre, & se flater qu'on s'en trouvera bien.

DE CELA seul qu'on mettoit Dieu à la tête de chaque société politique, il s'ensuivit qu'il y eut autant de Dieux que de peuples. Deux peuples étrangers l'un à l'autre, & presque toujours ennemis, ne purent longtems reconnoitre un même maitre : Deux armées se livrant bataille ne fauroient obéir au même chef. Ainfi des divifions nationales refulta le polythéïfme, & delà l'intolérance théologique & civile qui naturellement eft la même, comme il fera dit ci-après.

LA FANTAISIE qu'eurent les Grecs de retrouver leurs Dieux chez les peuples barbares, vint de celle qu'ils avoient auffi de fe regarder comme les Souverains naturels de ces peuples. Mais c'eft de nos jours une érudition bien ridicule que celle qui roule fur l'identité des Dieux de diverfes nations; comme fi Moloch, Saturne, & Chronos pouvoient être le même Dieu; comme fi le Baal des Phéniciens, le Zeus des Grecs & le Jupiter des Latins pouvoient être le même; comme s'il pouvoit refter quelque chofe commune à des Etres chimériques portans des noms différens!

T 5

QUE fi l'on demande comment dans le
paganifme où chaque Etat avoit fon culte &
fes Dieux il n'y avoit point de guerres de
Religion ? Je réponds que c'étoit par cela
même que chaque Etat ayant fon culte propre auffi bien que fon Gouvernement, ne dif-
tingoit point fes Dieux de fes loix. La guerre politique étoit auffi Théologique: les dé-
partemens des Dieux étoient, pour ainfi dire, fixés par les bornes des Nations. Le
Dieu d'un peuple n'avoit aucun droit fur les
autres peuples. Les Dieux des Payens n'é-
toient point des Dieux jaloux; ils parta-
geoient entre eux l'empire du monde: Moyfe
même & le Peuple Hébreu fe prétoient quelquefois à cette idée en parlant du Dieu d'If-
raël. Ils regardoient, il eft vrai, comme nuls
les Dieux des Cananéens, peuples profcrits,
voués à la deftruction, & dont ils devoient

occuper la place; mais voyez comment ils parloient des divinités des peuples voisins qu'il leur étoit défendu d'attaquer! *La possession de ce qui appartient à Chamos votre Dieu,* disoit Jephté aux Ammonites, *ne vous est-elle pas légitimement due? Nous possédons au même titre les terres que notre Dieu vainqueur s'est acquises* \*. C'étoit là, ce me semble, une parité bien reconnue entre les droits de Chamos & ceux du Dieu d'Israël.

Mais quand les Juifs, soumis aux Rois de Babilone & dans la suite aux Rois de Sirie, voulurent s'obstiner à ne reconnoître au-

---

\* *Nonne ea quæ possidet Chamos deus tuus tibi jure debentur?* Tel est le texte de la vulgate. Le P. de Carrieres a traduit. *Ne croyez-vous pas avoir droit de posséder ce qui appartient à Chamos votre Dieu?* J'ignore la force du texte hébreu; mais je vois que dans la vulgate Jephté reconnoit positivement le droit du Dieu Chamos, & que le Traducteur françois affoiblit cette reconnoissance par un *selon vous* qui n'est pas dans le Latin.

cun autre Dieu que le leur, ce refus, regardé comme une rebellion contre le vainqueur, leur attira les perſécutions qu'on lit dans leur hiſtoire, & dont on ne voit aucun autre exemple avant le Chriſtianiſme *.

CHAQUE Religion étant donc uniquement attachée aux loix de l'Etat qui la preſcrivoit, il n'y avoit point d'autre maniere de convertir un peuple que de l'aſſervir, ni d'autres miſſionnaires que les conquérans, & l'obligation de changer de culte étant la loi des vaincus, il faloit commencer par vaincre avant d'en parler. Loin que les hommes combatiſſent pour les Dieux, c'étoient, comme dans Homere, les Dieux qui combattoient

---

* Il eſt de la derniere évidence que la guerre des Phociens appellée guerre ſacrée n'étoit point une guerre de Religion. Elle avoit pour objet de punir des ſacrileges & non de ſoumettre des mécréans.

pour les hommes; chacun demandoit au sien la victoire, & la payoit par de nouveaux autels. Les Romains avant de prendre une place, sommoient ses Dieux de l'abandonner, & quand ils laissoient aux Tarentins leurs Dieux irrités, c'est qu'ils regardoient alors ces Dieux comme soumis aux leurs & forcés de leur faire homage: Ils laissoient aux vaincus leurs Dieux comme ils leur laissoient leurs loix. Une couronne au Jupiter du capitole étoit souvent le seul tribut qu'ils imposoient.

ENFIN les Romains ayant étendu avec leur empire leur culte & leurs Dieux, & ayant souvent eux-mêmes adopté ceux des vaincus en accordant aux uns & aux autres le droit de Cité, les peuples de ce vaste empire se trouverent insensiblement avoir des multitudes de Dieux & de cultes, à peu près les mêmes par-tout; & voilà comment le paganisme ne fut enfin dans le monde connu qu'une feule & même Religion.

Ce fut dans ces circonstances que Jéfus vint établir fur la terre un royaume Spirituel ; ce qui, féparant le fistême théologique du fistême politique, fit que l'Etat cessa d'être un, & causa les divisions intestines qui n'ont jamais cessé d'agiter les peuples chrétiens. Or cette idée nouvelle d'un royaume de l'autre monde n'ayant pu jamais entrer dans la tête des payens, ils regarderent toujours les Chrétiens comme de vrais rebelles qui, fous une hypocrite foumission, ne cherchoient que le moment de fe rendre indépendans & maîtres, & d'ufurper adroitement l'autorité qu'ils feignoient de refpecter dans leur foibleffe. Telle fut la caufe des perfécutions.

Ce que les payens avoient craint est arrivé ; alors tout a changé de face, les humbles Chrétiens ont changé de langage, & bientôt on a vu ce prétendu royaume de l'autre monde devenir sous un chef visible le plus violent despotisme dans celui-ci.

CEPENDANT comme il y a toujours eu un Prince & des loix civiles, il a résulté de cette double puissance un perpétuel conflict de jurisdiction qui a rendu toute bonne politie impossible dans les Etats chrétiens, & l'on n'a jamais pu venir à bout de savoir auquel du maitre ou du prêtre on étoit obligé d'obéir.

PLUSIEURS peuples cependant, même dans l'Europe ou à son voisinage, ont voulu conserver ou rétablir l'ancien sistême, mais sans succès; l'esprit du christianisme a tout gagné. Le culte sacré est toujours resté ou redevenu indépendant du Souverain, & sans liaison nécessaire avec le corps de l'Etat. Ma

homet eut des vues très faines, il lia bien
fon fiftême politique, & tant que la forme
de fon Gouvernement fubfifta fous les Cali-
phes fes fucceffeurs, ce Gouvernement fut e-
xactement un, & bon en cela. Mais les A-
rabes devenus floriffans, lettrés, polis, mous
& lâches, furent fubjugués par des barbares;
alors la divifion entre les deux puiffances re-
commença; quoiqu'elle foit moins apparente
chez les mahométans que chez les Chrétiens,
elle y eft pourtant, fur - tout dans la fecte
d'Ali', & il y a des Etats, tels que la Perfe,
où elle ne ceffe de fe faire fentir.

PARMI nous, les Rois d'Angleterre fe font
établis chefs de l'Eglife, autant en ont fait les
Czars; mais par ce titre ils s'en font moins
rendus les maitres que les Miniftres; ils ont
moins acquis le droit de la changer que le
pouvoir de la maintenir; Ils n'y font pas lé-
gifla-

giſlateurs, ils n'y ſont que Princes. Par tout où le Clergé fait un corps * il eſt maitre & légiſlateur dans ſa partie. Il y a donc deux puiſſances, deux Souverains, en Angleterre & en Ruſſie, tout comme ailleurs.

DE TOUS les Auteurs Chrétiens le philoſophe Hobbes eſt le ſeul qui ait bien vû le mal & le remede, qui ait oſé propoſer de réunir les deux têtes de l'aigle, & de tout ramener à l'unité politique, ſans laquelle jamais Etat ni Gouvernement ne ſera bien con-

---

* Il faut bien remarquer que ce ne ſont pas tant des aſſemblées formelles, comme celles de France, qui lient le clergé en un corps, que la communion des Egliſes. La communion & l'excommunication font le paĉte ſocial du clergé, paĉte avec lequel il ſera toujours le maître des peuples & des Rois. Tous les prêtres qui communiquent enſemble ſont concitoyens, fuſſent-ils des deux bouts du monde. Cette invention eſt un chefd'œuvre en politique. Il n'y avoit rien de ſemblable parmi les Prêtres payens; auſſi n'ont-ils jamais fait un corps de Clergé.

V

ftitué. Mais il a dû voir que l'efprit domi-
nateur du Chriftianifme étoit incompatible a-
vec fon fiftême, & que l'intérêt du Prêtre
feroit toujours plus fort que celui de l'Etat.
Ce n'eft pas tant ce qu'il y a d'horrible &
de faux dans fa politique que ce qu'il y a
de jufte & de vrai qui l'a rendue odieufe *.

JE CROIS qu'en développant fous ce point
de vue les faits hiftoriques on réfuteroit aifément les fentimens oppofés de Baile & de
Warburton, dont l'un prétend que nulle Religion n'eft utile au corps politique, & dont
l'autre foutient au contraire que le Chriftianifme en eft le plus ferme appui. On prou-

---

* Voyez entre autres dans une Lettre de Grotius à
fon frere du 11. avril 1643, ce que ce favant homme
approuve & ce qu'il blâme dans le livre *de Cive*. Il
eft vrai que, porté à l'indulgence, il paroit pardonner à
l'auteur le bien en faveur du mal; mais tout le monde
n'eft pas fi clément.

veroit au premier que jamais Etat ne fût fondé que la Religion ne lui fervit de bafe, & au fecond que la loi Chrétienne eft au fond plus nuifible qu'utile à la forte conftitution de l'Etat. Pour achever de me faire entendre, il ne faut que donner un peu plus de précifion aux idées trop vagues de Religion rélatives à mon fujet.

LA RELIGION confidérée par rapport à la fociété, qui eft ou générale ou particuliere, peut auffi fe divifer en deux efpeces, favoir, la Religion de l'homme & celle du Citoyen. La premiere, fans Temples, fans autels, fans rites, bornée au culte purement intérieur du Dieu Suprême & aux devoirs éternels de la morale, eft la pure & fimple Religion de l'Evangile, le vrai Théïfme, & ce qu'on peut appeller le droit divin naturel. L'autre, infcritte dans un feul pays, lui don-

ne fes Dieux, fes Patrons propres & tutelai-
res: elle a fes dogmes, fes rites, fon culte
extérieur preferit par des loix; hors la feule
Nation qui la fuit, tout eft pour elle infidel-
le, étranger, barbare; elle n'étend les devoirs
& les droits de l'homme qu'auffi loin que fes
autels. Telles furent toutes les Religions des
premiers peuples, auxquelles on peut donner
le nom de droit divin civil ou pofitif.

IL Y A une troifieme forte de Religion
plus bizarre, qui donnant aux hommes deux
légiflations, deux chefs, deux patries, les
foumet à des devoirs contradiétoires & les
empêche de pouvoir être à la fois dévots &
Citoyens. Telle eft la Religion des Lamas,
telle eft celle des Japonois, tel eft le chriftianifme Romain. On peut appeller celle-ci la
religion du Prêtre. Il en réfulte une forte du
droit mixte & infociable qui n'a point de
nom.

A CONSIDERER politiquement ces trois fortes de religions, elles ont toutes leurs défauts. La troifieme eft fi évidemment mauvaife que c'eft perdre le tems de s'amufer à le démontrer. Tout ce qui rompt l'unité fociale ne vaut rien: Toutes les inftitutions qui mettent l'homme en contradiction avec lui-même ne valent rien.

LA SECONDE eft bonne en ce qu'elle réunit le culte divin & l'amour des loix, & que faifant de la patrie l'objet de l'adoration des Citoyens, elle leur apprend que fervir l'Etat c'eft en fervir le Dieu tutelaire. C'eft une efpece de Théocratie, dans laquelle on ne doit point avoir d'autre pontife que le Prince, ni d'autres prêtres que les magiftrats. Alors mourir pour fon pays c'eft aller au martire, violer les loix c'eft être impie, & foumettre un coupable à l'exécration publique c'eſt le dévouer au courroux des Dieux; *ſa-cer eſtod.*

. MAIS elle eſt mauvaiſe en ce qu'étant fondée ſur l'erreur & ſur le menſonge elle trompe les hommes, les rend crédules ſuperſtitieux, & noye le vrai culte de la divinité dans un vain cérémonial. Elle eſt mauvaiſe encore quand, devenant excluſive & tirannique, elle rend un peuple ſanguinaire & intolérant ; en ſorte qu'il ne reſpire que meurtre & maſſacre, & croit faire une action ſainte en tuant quiconque n'admet pas ſes Dieux. Cela met un tel peuple dans un état naturel de guerre avec tous les autres, très nuiſible à ſa propre ſûreté.

RESTE donc la Religion de l'homme ou le Chriſtianiſme, non pas celui d'aujourd'hui, mais celui de l'Evangile, qui en eſt tout-à-fait différent. Par cette Religion ſainte, ſublime, véritable, les hommes, enfans du même Dieu, fe reconnoiffent tous pour freres, & la fociété qui les unit ne fe diffout pas même à la mort.

Mais cette Religion n'ayant nulle rélation particuliere avec le corps politique laiffe aux loix la feule force qu'elles tirent d'elles - mêmes fans leur en ajouter aucune autre, & par-là un des grands liens de la fociété particuliere refte fans effet. Bien plus; loin d'attacher les cœurs des Citoyens à l'Etat, elle les en détache comme de toutes les chofes de la terre: je ne connois rien de plus contraire à l'efprit focial.

On nous dit qu'un peuple de vrais Chrétiens formeroit la plus parfaite fociété que l'on puiffe imaginer. Je ne vois à cette fuppofition qu'une grande difficulté; c'eft qu'une fociété de vrais chrétiens ne feroit plus une fociété d'hommes.  V 4

Je dis même que cette société suppofée ne feroit avec toute fa perfection ni la plus forte ni la plus durable : A force d'être parfaite, elle manqueroit de liaifon ; fon vice deftructeur feroit dans fa perfection même.

Chacun rempliroit fon devoir ; le peuple feroit foumis aux loix, les chefs feroient juftes & modérés, les magiftrats integres incorruptibles, les foldats méprileroient la mort, il n'y auroit ni vanité ni luxe ; tout cela eft fort bien, mais voyons plus loin.

Le Christianisme eft une religion toute fpirituelle, occupée uniquement des chofes du Ciel : la patrie du Chrétien n'eft pas de ce monde. Il fait fon devoir, il eft vrai, mais il le fait avec une profonde indifférence fur le bon ou mauvais fuccès de fes foins. Pourvu qu'il n'ait rien à fe reprocher, peu lui importe que tout aille bien ou mal ici bas. Si l'Etat est florissant, à peine ose-t-il jouïr de la félicité publique, il craint de s'enorgueillir de la gloire de son pays ; si l'Etat dépérit, il bénit la main de Dieu qui s'appésantit sur son peuple.

Pour que la société fut paisible & que l'harmonie se maintînt, il faudroit que tous les Citoyens sans exception fussent également bons Chrétiens : Mais si malheureusement il s'y trouve un seul ambitieux, un seul hypocrite, un Catilina, par exemple, un Cromwel, celui-là très certainement aura bon marché de ses pieux compatriotes. La charité chrétienne ne permet pas aisément de penser mal de son prochain. Dès qu'il aura trouvé par quelque ruse l'art de leur en imposer, & de s'emparer d'une partie de l'autorité publique, voilà un homme constitué en dignité ; Dieu veut qu'on le respecte ; bientôt voilà une puiſſance ; Dieu veut qu'on lui obéïſſe : le dépoſitaire de cette puiſſance en abuſe-t-il? C'eſt la verge dont Dieu punit ſes enfans. On ſe feroit conſcience de chaſſer l'uſurpateur; il faudroit troubler le repos public, uſer de violence, verſer du ſang ; tout cela s'accorde mal avec la douceur du Chrétien; & après tout, qu'importe qu'on ſoit libre ou ſerf dans cette vallée de miſeres? l'eſſenciel eſt d'aller en paradis, & la réſignation n'eſt qu'un moyen de plus pour cela.

SURVIENT-IL quelque guerre étrangere? Les Citoyens marchent ſans peine au combat; nul d'entre eux ne ſonge à fuir; ils font leur devoir, mais ſans paſſion pour la victoire; ils ſavent plutôt mourir que vaincre. Qu'ils ſoient vainqueurs ou vaincus, qu'importe? La providence ne fait-elle pas mieux qu'eux ce qu'il leur faut? Qu'on imagine quel parti

un ennemi fier impétueux paſſionné peut tirer de leur ſtoïciſme! Mettez vis-à-vis d'eux
ces peuples généreux que dévoroit l'ardent
amour de la gloire & de la patrie, ſuppoſez
votre république chrétienne vis-à-vis de Sparte ou de Rome ; les pieux chrétiens ſeront
battus, écraſés, détruits avant d'avoir eu le
tems de ſe reconnoitre, ou ne devront leur
falut qu'au mépris que leur ennemi concevra
pour eux. C'étoit un beau ſerment à mon
gré que celui des ſoldats de Fabius ; ils ne
jurerent pas de mourir ou de vaincre, ils
jurerent de revenir vainqueurs, & tinrent leur
ſerment : Jamais des Chrétiens n'en euſſent
fait un pareil ; ils auroient cru tenter Dieu.

Mais je me trompe en diſant une République Chrétienne ; chacun de ſes deux mots
exclud l'autre. Le Chriſtianiſme ne prêche
que ſervitude & dépendance. Son eſprit eſt

trop favorable à la tirannie pour qu'elle n'en profite pas toujours. Les vrais Chrétiens font faits pour être efclaves ; ils le favent & ne s'en émeuvent gueres; cette courte vie a trop peu de prix à leurs yeux.

Les troupes chrétiennes font excellentes, nous dit-on. Je le nie. Qu'on m'en montre de telles ? Quant-à-moi, je ne connois point de Troupes chrétiennes. On me citera les croifades. Sans difputer fur la valeur des Croifés , je remarquerai que bien loin d'être des Chrétiens , c'étoient des foldats du prê-tre, c'étoient des Citoyens de l'Eglife; ils fe battoient pour fon pays Spirituel, qu'elle avoit rendu temporel on ne fait comment. A le bien prendre, ceci rentre fous le paganifme; comme l'Evangile n'établit point une Religion nationale , toute guerre facrée eft impoffible parmi les Chrétiens.

Sous les Empereurs payens les foldats Chrétiens étoient braves ; tous les Auteurs Chrétiens l'affûrent, & je le crois : c'étoit une émulation d'honneur contre les Troupes payennes. Dès que les Empereurs furent chrétiens cette émulation ne fubfifta plus, & quand la croix eut chaffé l'aigle, toute la valeur romaine difparut.

Mais laiffant à part les confidérations politiques, revenons au droit, & fixons les principes fur ce point important. Le droit que le pacte focial donne au Souverain fur les fujets ne paffe point, comme je l'ai dit, les bornes de l'utilité publique *. Les fujets ne

* *Dans la République*, dit le M. d'A., *chacun eft parfaitement libre en ce qui ne nuit pas aux autres*. Voilà la borne invariable ; on ne peut la pofer plus exactement. Je n'ai pu me refufer au plaifir de citer quelque fois ce manufcrit quoique non connu du public, pour rendre

doivent donc compte au Souverain de leurs opinions qu'autant que ces opinions importent à la communauté. Or il importe bien à l'Etat que chaque Citoyen ait une Religion qui lui faffe aimer fes devoirs; mais les dogmes de cette Religion n'intéreffent ni l'Etat ni fes membres qu'autant que ces dogmes fe rapportent à la morale, & aux devoirs que celui qui la profeffe eft tenu de remplir envers autrui. Chacun peut avoir au furplus telles opinions qu'il lui plait, fans qu'il appartienne au Souverain d'en connoître: Car comme il n'a point de compétence dans l'autre monde, quel que foit le fort des fujets dans la vie à venir ce n'eft pas fon affaire, pourvu qu'ils foient bons citoyens dans celle-ci.

honneur à la mémoire d'un homme illuftre & refpectable, qui avoit confervé jufques dans le Miniftere le cœur d'un vrai citoyen, & des vues droites & faines fur le gouvernement de fon pays.

IL Y A donc une profeſſion de foi purement civile dont il appartient au Souverain
de fixer les articles, non pas préciſément
comme dogmes de Religion, mais comme
ſentimens de ſociabilité, ſans leſquels il eſt
impoſſible d'être bon Citoyen ni ſujet fidel-
le *. Sans pouvoir obliger perſonne à les
croire, il peut bannir de l'Etat quiconque ne
les croit pas ; il peut le bannir, non comme
impie, mais comme inſociable, comme inca-
pable d'aimer ſincerement les loix la juſtice,
& d'immoler au beſoin ſa vie à ſon devoir.
Que ſi quelqu'un, après avoir reconnu publiquement ces mêmes dogmes, ſe conduit com-

---

* Ceſar plaidant pour Catilina tachoit d'établir le
dogme de la mortalité de l'ame ; Caton & Ciceron pour
le réfuter ne s'amuſerent point à philoſopher : il ſe con-
tententerent de montrer que Ceſar parloit en mauvais
Citoyen & avançoit une doctrine pernicieuſe à l'Etat.
En effet voilà dequoi devoit juger le Sénat de Rome,
& non d'une queſtion de théologie.

me ne les croyant pas, qu'il foit puni de mort; il a commis le plus grand des crimes, il a menti devant les loix.

Les dogmes de la Religion civile doivent être fimples, en petit nombre, énoncés avec précifion fans explications ni commentaires. L'exiftence de la Divinité puiffante, intelligente, bienfaifante, prévoyante & pourvoyante, la vie à venir, le bonheur des juftes, le châtiment des méchans, la fainteté du Contract focial & des Loix; voilà les dogmes pofitifs. Quant aux dogmes négatifs, je les borne à un feul; c'eft l'intolérance: elle rentre dans les cultes que nous avons excluds.

Ceux qui diftinguent l'intolérance civile & l'intolérance théologique fe trompent, à mon avis. Ces deux intolérances font inféparables. Il eft impoffible de vivre en paix

avec

avec des gens qu'on croit dannés ; les aimer
feroit haïr Dieu qui les punit ; il faut abfolument qu'on les ramene ou qu'on les tourmente. Par tout où l'intolérance théologique
eft admife, il eft impoffible qu'elle n'ait pas
quelque effet civil *, & fitot qu'elle en a,

---

* Le mariage, par exemple, étant un contract civil,
a des effets civils fans lefquels il eft même impoffible que
la focieté fubfifte. Suppofons donc qu'un Clergé vienne
à bout de s'attribuer à lui feul le droit de paffer cet acte ;
droit qu'il doit néceffairement ufurper dans toute Religion intolérante. Alors n'eft-il pas clair qu'en faifant
valoir à propos l'autorité de l'Eglife il rendra vaine celle
du Prince, qui n'aura plus de fujets que ceux que le Clergé voudra bien lui donner. Maitre de marier ou de ne pas
marier les gens felon qu'ils auront ou n'auront pas telle
ou telle doctrine, felon qu'ils admettront ou rejetteront
tel ou tel formulaire , felon qu'ils lui feront plus ou
moins dévoués, en fe conduifant prudemment & tenant
ferme, n'eft-il pas clair qu'il difpofera feul des hérita-
ges, des charges, des Citoyens, de l'Etat même, qui
ne fauroit fubfifter n'étant plus compofé que des bâtards.
Mais, dira-t-on, l'on appellera comme d'abus, on ajour-
nera, décrétera, faifira le temporel. Quelle pitié ! Le

X

le Souverain n'eft plus Souverain, même au temporel; dès lors, les Prêtres font les vrais maîtres; les Rois ne font que leurs officiers.

MAINTENANT qu'il n'y a plus & qu'il ne peut plus y avoir de Religion nationale exclufive, on doit tolérer toutes celles qui tolerent les autres, autant que leurs dogmes n'ont rien de contraire aux devoirs du Citoyen. Mais quiconque ofe dire, *hors de l'Eglife point de Salut*, doit être chaffé de l'Etat; à moins que l'Etat ne foit l'Eglife, & que le Prince ne foit le Pontife. Un tel dogme n'eft bon que dans un Gouvernement Théocratique, dans tout autre il eft

---

Clergé, pour peu qu'il ait, je ne dis pas de courage, mais de bon fens, laiffera faire & ira fon train; il laiffera tranquillement appeller, ajourner, décréter, faifir, & finira par refter le maître. Ce n'eft pas, ce me femble, un grand facrifice d'abandoner une partie, quand on eft fûr de s'emparer du tout.

avec des gens qu'on croit dannés; les aimer feroit haïr Dieu qui les punit; il faut abfolument qu'on les ramene ou qu'on les tourmente. Par tout où l'intolérance théologique eft admife, il eft impoffible qu'elle n'ait pas quelque effet civil, & fitot qu'elle en a, le Souverain n'eft plus Souverain, même au temporel; dès lors les Prêtres font les vrais maitres; les Rois ne font que leurs officiers.

MAINTENANT qu'il n'y a plus & qu'il ne peut plus y avoir de Religion nationale exclufive, on doit tolérer toutes celles qui tolerent les autres, autant que leurs dogmes n'ont rien de contraire aux devoirs du Citoyen. Mais quiconque ofe dire, *hors de l'Eglife point de Salut*, doit être chaffé de l'Etat; à moins que l'Etat ne foit l'Eglife, & que le Prince ne foit le Pontife. Un tel dogme n'eft bon que dans un Gouverne-

X

ment Théocratique, dans tout autre il est pernicieux. La raison sur laquelle on dit qu'Henri IV. embraffa la Religion romaine la devroit faire quiter à tout honnête homme, & sur-tout à tout Prince qui sauroit raisonner.

## CHAPITRE IX.

### Conclusion.

APRE's avoir posé les vrais principes du droit politique & tâché de fonder l'Etat sur sa base, il resteroit à l'appuyer par ses relations externes; ce qui comprendroit le droit des gens, le commerce, le droit de la guerre & les conquêtes, le droit public, les ligues les négociations les traités &c. Mais tout cela forme un nouvel objet trop vaste pour ma courte vue; j'aurois dû la fixer toujours plus près de moi.

### F I N.

# CATALOGUE DE LIVRES imprimez chez REY,
## Libraire à Amsterdam.

OEuvres diverses de Mr. J. J. Rousseau, 2 *vol.* grand indouze contenant. *Discours* Si le rétablissement des Sciences & des Arts a contribué à épurer les Mœurs, avec trois réponses du même auteur à diverses critiques. *Narcisse. Lettre* sur la Musique Françoise. *Le Devin* de Village. *Discours* Sur l'Economie Politique. *Extrait* du projet de Paix perpétuelle de Mr. L'Abbé de saint Pierre. *Discours* sur L'origine & les fondemens de l'Inégalité parmi les Hommes. *Lettre* contre les Spectacles. *Lettre* de Mr. D'Alembert en réponse à la Précédente, *avec privilege de LL. HH. PP.*

Julie ou la Nouvelle Heloïse, 6 *vol.* grand indouze, édition originale, *avec privilege.*

Preface ou Entretien sur les Romans entre l'éditeur à un homme de Lettre.

Recueil d'Estampes pour la Nouvelle Héloïse, avec les sujets des mêmes Estampes, tels qu'ils ont été donnez par l'éditeur.

Bible (la Sainte) ou le Vieux & le Nouveau Testament, avec un Commentaire Litteral composé de notes choisies tirée de divers auteurs Anglois & autres &c. 4. Contenant les 5 livres de Moïse, les livres de Josué, les Juges & Ruth, les deux livres de Samuël, 5 tomes en 9 parties, 1761.

Bibliotheque de Campagne ou Amusemens de l'Esprit & du Cœur, 12. 12 *vol.*

Cabinet des Fées de Mad. d'Aunoy, 12. 14 partie avec fig.

Campagnes des Marechaux de Villars, Marsin, Tallard, Villeroy, Noaille, Coigny en Allemagne, composé sur les originaux, 12. 20 *vol.*

Essai sur l'Histoire Generale & sur les Mœurs & l'Esprit des Nations depuis Charlemagne, avec le Siecle de Louis XIV. par Voltaire, 8. 7 *vol.*

Histoire Critique des Manichéens & du Manichéisme, 4 2 *vol.*

Journal des Sçavans depuis son commencement, 1665. jusques en 1753. en 170 *vol.* avec *fig.* indouze.

——— dito Combiné avec les *Mémoires de Trevoux* Janvier 1754. jusques à présent. 68 *vol.*

Mémoires du Card. de Retz, 8. 4 *vol.*

——— pour servir à l'histoire de la vie & des ouvrages de Mr. de Fontenelle & La Motte par Mr. L'Abbé Trublet, 1 *vol.*

——— sur les Défrichemens par le Marquis de Turbilly, t. 1 *vol.* 1761.

Oeuvres de Théatre de Nivelle de la Chaussée, 2 *vol.* petit indouze, 1760.

——— de Mathematiques du P. Pardie, 3 *vol.* *fig.*

——— de François Rabelais, 4. 8 *vol.* *fig.* 1741.

——— de Louis Racine, 12. 6 *vol.* 1750.

Principes du Droit Naturel de la Nature & des Gens de Wolff, par Formey, 3 *vol.*

Testament (nouveau) mis en Catéchisme par Mr. Polier, Professeur à Lausanne, 8. 6 *vol.* 1756.

pernicieux. La raifon fur laquelle on dit
qu'Henri IV. embraffa la Religion romaine
la devroit faire quiter à tout honnête homme, & fur-tout à tout Prince qui fauroit
raifonner.

## CHAPITRE IX.

### *Conclusion.*

APRE's avoir posé les vrais principes du droit politique & tâché de fonder l'Etat sur sa base, il resteroit à l'appuyer par ses rélations externes; ce qui comprendroit le droit des gens, le commerce, le droit de la guerre & les conquêtes, le droit public, les ligues les négociations les traités &c. Mais tout cela forme un nouvel objet trop vaste pour ma courte vue; j'aurois dû la fixer toujours plus près de moi.

### F I N.

www.ingramcontent.com/pod-product-compliance
Lightning Source LLC
Chambersburg PA
CBHW050455270326
41927CB00009B/1758